논리의 힘
지식의 격

THE POWER OF LOGIC
THE QUALITY OF KNOWLEDGE

논리의 힘
지식의 격

교양인을 위한 56가지 시사이슈 찬반토론

● 허원순 지음 ●

한국경제신문

이 책은 관훈클럽정신영기금의 지원을 받아 저술·출판되었습니다.

《토론의 힘 생각의 격》이 출간된 뒤 비교적 호평을 받았다. 대학생과 이미 사회에 진출한 젊은이들이 적지 않게 관심을 가져준 것이 저자에게는 큰 응원이 됐다. 원래 논술과 사고력 배양에 관심 있는 고등학생을 1차로 염두에 두고 써온 글이지만, 다룬 주제가 나름 다양하면서 구체적이었던 덕분에 청년들에게도 소구점이 있었다고 본다. 아쉬운 것은 정해진 틀 안에서, 더구나 제한된 원고 분량에 맞추다 보니 찬반 각각의 주장에 대해 깊이 있게 쓰기가 어려웠다는 점이다. 일부 주제의 경우 독자 입장에서는 너무 원론적 수준에 그치지 않느냐는 아쉬움도 들었을 것이다.

출간 이후로도 찬반양론의 토론 과제는 끝없이 이어졌다. 한편으로는 한국 사회에 갈등 사안, 대립 어젠다가 그만큼 많다는 얘기다. 진영 논리가 크게 작용하는 갈등의 한국 사회에서 논쟁은 앞으로도 한동안 계속될 것이다. 유감스럽게도 경제 규모가 커질수록 오히려 더 심해지는 것 같다. 평균소득은 전반적으로 늘어나는데, 가치의 충돌은 더 격해지는 느낌이다. 성장과 발전이라는 경제의 논리는 비교적 명료하고 간단한데, 현실은 툭하면 왜곡되고 과장된다. 선동도 넘친다.

이는 '한국형 소득 3만 달러의 덫'이라고 해도 될 만한 현상이다. 논쟁거리와 갈등 사안 가운데는 비생산적인 게 적지 않다. 정답이 있고 정석이 뻔한 데도 불필요한 마찰이 길고 깊어지는 것을 보면 안타깝다.

물론 경제 사안 중에는 이렇게 볼 수도 있고 저렇게 볼 수도 있는 게 많다. 이런 상황에선 이런 선택이 맞고, 저런 여건에선 저런 결정이 타당한 사안들이 적지 않다. 하지만 정치적 입장이나 사회적 진영 논리에 갇혀 억지 주장을 펴는 경우가 많은 게 문제다. 모두 경제 발전의 걸림돌이다.

전작의 몇 쇄를 찍은 뒤에도 이런 사회 풍조는 계속 되고 있다. 이 과정에서 필자는 갈등 과제를 피하지 않았다. 더 적극적으로 찾아 나섰고, 〈생글생글〉의 시사이슈 찬반토론 고정 코너에 꾸준히 글을 쓰며 쟁점으로 소화했다. 이런 노력은 계속될 것이다.

갈수록 경제와 비경제의 구분이 어려워지고 있다. 조금만 시각을 넓혀보면 경제 문제가 아닌 게 거의 없을 정도로 경제의 외연이 넓어진다. 고도화된 현대 사회의 한 특징이다. 기업과 산업, 재정과 금융, 기술과 과학 같은 전통적 경제 분야에서부터 연금과 인구, 노동과 복지, 인공지능(AI)과 생활 편의 및 방식에 이르기까지 모두 다 경제 문제다. 가령 고용 형태, 근로 방식, 임금 계산 같은 일자리 관련 제도나 노사 관계의 제반 문제점 등도 현상만 보면 정치 내지는 사회 이슈처럼 보인다. 하지만 실제로는 하나같이 핵심적 경제 이슈다. 어떻게 보면 시대의 변천, 인간 삶의 중대한 변화가 모두 경제 현안이 되고 있다. 융·복합 시대, 경제-정치-사회-문화가 복합적으로 얽히고설켜간다. 이 책의 1, 2부에서 다룬 문제들이 모두 이런 범주에 들어간다. 그런 측면에서 보면 현대 한국 사회에서 일어나는 대표적 갈등의 단면들을 끌어모은 게 이 책이라고 할 수 있다.

인간은 평등해질수록 작은 불평등을 못 참는다고 한다. 경제 영역에도 유사한 점이 있다. 한 나라가, 한 사회가 더 잘 살수록 또 경제가 성장할수록 경제적 성취에 대한 노력과 집착은 더 커진다. 이런 기류에, 저마다 제각각일 수밖에 없는 도덕적 잣대를 들이밀 필요는 없다. 물질적 풍요는 다원 사회로 이어지고, 더 많은 선택을 가능하게 한다. 기회의 다양성은 통상 인간을 더 귀한 존재로 만든다. 경제 발전을 추구하는 큰 이유다.

전작의 서문에서 젊은 독자들에게 '3불(不)'에서 벗어나기 위해 더 사유하고 더 공부하자고 했다. 이제 불안·불만·불신의 3불에 하나를 더해 '4불(不)'을 극복하라고 권하고 싶다. 바로 불평이다. 투덜거리고 불평하는 대신, 학습하고 생각하고 토론하면서 성숙한 나를 만들어가자는 권유다.

기꺼이 새 책의 편집과 출간을 맡아준 한국경제신문 한경BP에 고마움을 표한다. 35년째, 논설위원으로만 14년째 같은 일을 할 수 있도록 무언의 성원을 해준 아내와 아들, 딸, 새 가족 사위에게도 여섯 번째 책 출간을 맞이해 처음으로 감사의 뜻을 전한다.

들어가며   005

1부
나와 다른 생각, 어떻게 받아들일 것인가?
|가치의 충돌|

새로운 산업을 육성할 때마다 정부기관을 신설하는 게 바람직할까?   016

국회의원 면책·불체포특권, 계속 유지해야 하나?   021

3만 원권 화폐 발행, 공론화가 필요할까?   026

사실상 강제징수하고 있는 KBS 수신료, 개선해야 하나?   032

학교폭력, 기록 남겨 취업에도 반영해야 할까?   038

남산터널 통행료, 철폐해야 할까?   044

친환경 에너지, 'RE100' 대신 'CFE100'이 타당한 전략인가?   050

공동 소송대리권 달라는 변리사들의 요구는 타당한가?   056

심각해지는 대학 재정난, 기여입학제에 대해 논의해보면 어떨까?   061

건강기능식품의 당근마켓 거래, 허용해도 될까?   067

'묻지 마 범죄' 막기 위해 의무경찰 재도입, 문제점은 없나?   073

내수 진작 위한 임시 공휴일 확대, 효과 있나?   079

'청년 급감' 지자체가 서울에 기숙사 제공, 어떻게 봐야 할까?   085

적자 공항이 많은데 추가로 신공항을 건설하는 게 타당한가?   091

법 내세워 가지 마구 자르는 가로수 관리, 이대로 괜찮을까?   097

고위험 성범죄자의 거주지 제한, '한국형 제시카법'은 타당한가?   103

국회의원을 250명으로 감축하자는 주장은 타당한가?   **108**

춘천·아산까지 확대되는 GTX, 134조 원 투입할 가치 있나?   **114**

2부
시장 개입, 어디까지 허용해야 할까?
| 경쟁과 규제 |

5,000만 원 이상 금융투자소득에 세금 부과, 한국도 도입해야 하나?   **122**

금융감독기관의 은행 이자 개입, 용인될 수 있을까?   **127**

아파트 명칭에 지자체가 간섭해도 될까?   **132**

15년째 대학 등록금 동결, 정부의 개입이 타당한가?   **137**

5대 은행 과점 체제, 이대로 괜찮을까?   **143**

공항 야간 비행에 소음부담금 늘리는 정부, 적절한가?   **148**

예금자보호한도 최소 1억 원으로 확대, 타당한가?   **153**

추경예산 남발하는 지자체, 중앙정부가 더 통제해야 할까?   **159**

기업의 자사주 소각, 법으로 강제하는 게 옳을까?   **165**

경제에도 '1원 1표' 아닌 '1인 1표' 논리를 적용할 수 있을까?   **170**

경제부총리의 라면값 인하 압박, 타당한가?   **175**

정부가 개별 기업 '총수'를 직접 지정해도 될까?   **181**

공기업의 지역 인재 채용 할당제, 문제는 없나?   187

50년 넘은 미술품의 해외 판매 금지, 합리적일까?   193

불황, 고물가, 연준의 고금리 정책 속에서 한국은행도 금리 올려야 할까?   199

사과 가격 급등해도 수입 제한, 바람직한가?   205

고신용자에 더 높은 금리 적용하는 인터넷은행 대출 규제, 타당한가?   211

사립대 입시까지 정부가 감 놔라 배 놔라, 이대로 괜찮은가?   217

첨단기업의 해외 합작투자, 기술 지키기 위해 승인 제도가 필요할까?   223

'주인 없는 회사' CEO 선임, 정부가 개입해도 될까?   229

선거 전 290만 명 신용 사면, 금융 발전에 도움 될까?   234

3부
어떻게 하면 더 보람차게 일할 수 있을까?
|고용과 노동|

'연결되지 않을 권리', 법으로 규제할 일인가?   242

관공서의 점심시간 휴무제, 타당할까?   248

독신 직원 위한 '비혼지원금' 지급, 어떻게 봐야 할까?   253

독립 내세운 'MZ 노조'까지 국고 보조금을 받는 게 적절할까?   259

5인 미만 사업장에도 근로기준법 적용, 노동 약자 위하는 길일까?   265

초과·연장 수당을 미리 정하는 포괄임금제 금지법 제정, 타당한가?　　271

취업난 속 외국인 근로자 채용, 업종별 심사 허가제가 필요한가?　　276

4부
어떻게 하면 성장과 복지의 조화를 이룰까?
| 성장과 복지 |

남아도는 초·중등 교육교부금, 대학 지원에 써도 될까?　　284

급증하는 1인 가구에 세제·복지 지원을 강화해야 할까?　　289

보급량 늘어난 전기차, 정부 보조금 줄여도 될까?　　294

대학생을 위한 '천 원의 아침밥' 사업, 정부 자금을 계속 지원해야 하나?　　299

전세 사기 피해 주택의 '공공매입', 실행 가능할까?　　305

구도심 변신 막는 '문화재 고도 제한', 유지해야 할까?　　311

결혼·출산 증여재산 공제, 어떻게 봐야 할까?　　317

지역사랑상품권 예산, 중앙정부가 지원하는 게 옳은가?　　323

고용 안정을 위해 AI 기술을 규제해야 할까?　　329

무주택 청년에 연 2퍼센트대 주택담보대출 제공, 문제점은 없나?　　334

1부

나와 다른 생각,
어떻게 받아들일 것인가?

—

가치의 충돌

**THE POWER OF LOGIC
THE QUALITY OF KNOWLEDGE**

새로운 산업을 육성할 때마다
정부기관을 신설하는 게 바람직할까?

2022년 11월, 정부가 '우주 산업'을 육성하기 위해 우주항공청을 신설하겠다고 나섰다. 우주 시대를 적극 열어나가기 위해 정부 차원에서 모든 노력을 기울이겠다는 것은 나무랄 일이 아니다. 문제는 법무부는 이민청을, 외교부는 재외동포청을 신설한다는 점이다. 이민청은 심화되는 저출산 시대에 인구 유지를, 재외동포청은 해외 동포의 권익 향상이라는 명분을 내세운다. 여성가족부가 간판을 내린다고는 하지만 보건복지부의 '인구가족양성평등본부'로 이관되고, 본부장은 장관과 차관 사이 직급이므로 기관이 없어진다고 보기 어렵다. 우주로 나아가겠다는 의지는 좋다. 하지만 규제 혁파로 민간 활동을 고양시키기에 앞서 정부기관부터 만들겠다는 접근 방식에 반론도 만만찮다. 외청 신설로 모든 걸 해결하려는 방식이 과연 바람직할까?

우주항공청 등 모두 필요한 기관
정부 커지고 비용 들어도 성과가 중요

우주항공청 신설은 윤석열 정부가 국가우주위원회 위원장을 국무총리에서 대통령으로 승격하는 것과 병행하는 조치다. 대통령이 '미래 우주 경제 로드맵 선포식'에 참석해 "우주에 대한 비전이 있는 나라가 세계 경제를 주도할 수 있다"며 우주 개발에 대한 의지를 밝힌 터여서 이를 실행할 정부기관을 만드는 것은 당연하다. 달·화성 탐사, 우주 산업 육성 등 6대 정책 방향까지 제시했기 때문에 전담·전문 기관이 있어야 속도를 낼 수 있다.

미국과 유럽을 중심으로 민간에서 '국가 간 우주 여행 경쟁'이 벌어질 정도로 우주 시대는 우리 곁으로 성큼 다가왔다. 미국 스페이스X와 블루오리진, 영국 버진갤럭틱 등은 재사용 로켓 개발을 위시해 민간의 우주 여행과 우주 공간의 위성을 이용한 초고속 인터넷 구축을 선도하고 있다. 테슬라의 일론 머스크가 '화성 식민지 건설' 계획을 발표한 게 결코 공상 과학 영화나 과장으로만 여겨지지 않는 시대다. 인류의 우주 산업이 새로운 국면을 맞은 단계에서 한국 정부가 우주 경제 로드맵을 내놓고 대통령이 총괄 컨트롤타워를 맡는 것은 그런 차원에서 의미가 크다. 우주항공청을 국무회의 의안 제출권도 없는 과학기술정보통신부 산하

외청으로 둘 게 아니라 대통령실 소속으로 해야 한다. 그래야 조기에 가시적 성과도 나온다.

이민청도 마찬가지다. 한국의 저출산 정책은 20여 년간에 걸쳐 수백조 원 대의 막대한 예산을 투입해도 이렇다 할 성과를 내지 못했다. 정부 예산으로는 어쩔 수 없는 난제인 것이다. 이민청을 만들어 이주민 문호를 열고 다문화 사회에 대한 준비를 적극 해나가야 한다. 이는 국가 지속 차원의 문제다. 재외동포청도 필요성은 충분히 있다. 해외 750만 동포의 숙원 사업이다. 정부 조직이 좀 크면 어떤가, 조직 운영에 따른 비용이 들어도 성과를 내는 게 더 중요하다.

【 반대 】
기존 정부 조직 협업으로 다 가능
공무원 늘면 비효율적이고 관리도 문제

기관 하나하나를 따로 떼어놓고 보면 명분도 있고, 설치에 대한 요구도 있다. 우주 항공 산업만 해도 범위가 방송·통신, 반도체, 위성 수신용 기기, GPS 수신기, 자율주행, 빅데이터 등 대부분의 첨단 기술과 관련된다. 모두 미래 먹거리 산업이면서 국가의 안보 역량과도 연결된다. 우주 산업 시장 규모가 2040년 1조 1,000억 달러로 커질 것이라는 전망도 있고, 중국, 일본, 영국, 호주 등이 우주 관련 예산을 늘리고 있다. 하지만 산업통산자원부가 있고, 과기정통부도 있다. 중소벤처기업부와 국토교통부, 방위사업청은 다 뭐 하나. 직접 관련 부처가 있고 유관 청까지 있는데, 법령 제정권도 없는 청 단위 새 기관이 제 역할을 얼마나 할 것인가.

저출산과 고령화를 대비한 해외 우수 인력 영입과 이민 문호 개방, 성숙한 다문화 사회로 나아가기 위한 노력이 관련 업무를 볼 정부기관이 없어서 성공하지 못한 게 아니다. 법무부와 산하의 출입국관리사무소가 있고, 교육부, 보건복지부, 외교부도 있으며 여성가족부도 실제 기능은 남는다. 이런 기관 간 협업으로 충분히 할 수 있는 일이다. 수백 명이 있는 국무총리실은 뭐 하는 곳인가. 인구 문제가 그렇게 중요하다면 대통령 직속 특별위원회 정도를 만들거나 총리가 책임지고 관계부처를 모아 해법을 찾고 실행하면 된다. 재외동포청도 같다. 민족의 의미가 급속히 퇴색하고 있는 '코즈모폴리턴 시대'에 재외동포청 신설은 퇴행적이다. 해외 동포와 관련된 일이라면 외교부가 해야 할 일 아닌가.

조직만 늘리면 사공 많은 배가 어디로 가나. 업무의 효율성 문제도 적지 않지만 그렇게 늘어난 공무원 관리는 어떻게 할 것이며, 비용은 어떻게 감당하나. 문재인 정부 때 마구 늘린 공무원들과 비대해진 공공 부문이 어떤 대가를 요구할지, 무수한 비판과 우려를 벌써 잊었단 말인가.

개별로는 맞지만 '구성의 오류' 있어
한국에 너무 잘 맞는 '파킨슨 법칙'

개별적으로 하나씩 놓고 보면 맞는데 전체적으로 보면 잘못되어 있는 것을 '구성의 모순' 또는 '구성의 오류'라고 한다. 정부가 청을 세 개씩이나 새로 만드는 과정에 그런 문제점이 보인다. 우주 산업 육성은 중요하다. 저출산 시대에 해외의 우수한 인적 자원을 가장 좋은 방식으로 받아들이는 것도 국가적 과제다. 세계 10위 권 강국이 된 마당에 재외 동포 지원과 행정 관리를 강화하자는 취지도 좋다. 하지만 커지는 정부도 생각해야 한다. 최소한 기존 공무원 재배치나 전체 공무원 수 동결 원칙 정도는 수반돼야 한다. 그래야 지방자치단체나 공기업에도 효율화를 요구할 수 있다. 더구나 작은 정부를 지향한다고 한 마당이다. 일하는 방식만 혁신한다면 공무원 조직을 늘리지 않고도 정책 목표를 달성할 수 있다. 모든 비용은 국민 부담이다. 공무원 조직은 늘어날 수밖에 없다는 '파킨슨 법칙'이 한국에 너무 잘 적용되는 사례 같아서 유감이다.

국회의원 면책·불체포특권, 계속 유지해야 하나?

한국의 국회의원에겐 유별난 권한이 있다. 행정부에서는 아무리 직위가 높은 사람이라도 가질 수 없는 특권이다. 돈이 아무리 많은 부자라도, 저명한 종교계 지도자라도 가질 수 없다. 바로 헌법 제45조 '국회의원은 국회에서 직무상 행한 발언과 표결에 관하여 국회 외에서 책임을 지지 아니한다'는 면책특권이다. 이와 함께 헌법 제44조 1항 '국회의원은 현행범인 경우를 제외하고는 회기 중 국회의 동의 없이 체포 또는 구금되지 아니한다'는 불체포특권도 있다. '가짜뉴스'를 만들거나 확대·재생산하고, 대형 수뢰 혐의가 있어도 동료들이 슬쩍 막아주면 체포되지 않는다. 2022년 11월, 더불어민주당 김의겸·노웅래 의원이 각각 대통령 관련 가짜뉴스를 제기하고 불법 정치 자금을 수수한 혐의를 받으면서도 일반인과 다른 대우를 받은 게 이 특권 때문이다. 국회의원의 면책·불체포특권, 이대로 둬도 괜찮을까?

【 찬성 】

행정부 권력 감시 위한 민주주의 전통
입법부 위축되면 국민 권한 못 지켜

국회의원은 개개인이 국민을 대변하고 대표하는 헌법상 조직이 자 기구다. 국민의 대표가 돼 권력, 주로 행정부와 사법부를 당당 하게 감시하고 입법부를 지키기 위해 도입된 게 면책특권, 불체포 특권이다. 국민의 대변자로서 외부 압력에 위축되지 말고 소신껏 국정에 대한 질의를 하고, 의문을 적극 표시하는 등 문제 제기를 하라고 국민이 준 권한이다. 면책특권이 있기 때문에 정부 고위관 계자를 향해서도 인신 모욕, 명예 훼손, 허위 사실 공표 같은 사법 적 위험을 무릅쓰지 않으면서도 질의나 자료 요청을 할 수 있다. 그래서 국정감사 기간 외에도 국회가 열리는 동안은 국회에서 활 발한 대정부 견제 활동이 가능하다.

불체포특권도 같은 맥락이다. 명백한 현행범이 아니라면 국회 가 열리는 회기 중에는 국회 등원을 보장하자는 게 이 권한을 도 입한 취지다. 지금은 많이 변했지만 권위주의 정권 시절에는 국 회, 특히 야당 의원에 대한 정치적 탄압이 상시로 반복됐다. 상당 한 수준의 선진국이 아니면 정권의 압박·회유·위협이 무서운 형 태로 나타났고, 이에 대한 방어 수단이 불체포특권인 셈이다.

두 가지 권한 모두 국민의 알 권리 등 기본권 충족을 위한 것이며, 권력 횡포에 맞서 국민을 지키고 대신하는 권리다. 행정부 권력에 의한 입법부의 부당한 체포·구금 배제는 자유로운 국회 기능을 보장하기 위한 방편이다. 국회의원의 이 권한을 없애 입법부 활동이 위축되면 독재권력 출현도 얼마든지 가능해 결국 일반 국민의 손해로 이어진다. 불체포특권은 17세기 영국에서 법제화된 이후 미국 연방헌법에 의해 성문화되면서 헌법상 제도로 발전해 온 민주주의 정치의 오랜 전통이다. 면책특권 또한 국회에서 직무상 행한 발언과 표결에 대해 국회 밖에서는 책임지지 않게 함으로써 자유 발언과 소신 표결을 보장하자는 것으로 결국 국민 대표성 확보를 위한 장치다.

【 반대 】
범죄 의원 보호 수단으로 전락
'민주주의 과잉' 시대 맞게 폐지해야

면책특권과 불체포특권이 민주주의 역사의 산물인 것은 사실이다. 하지만 지금은 '민주주의 과잉'이라 할 정도로 시대상이 달라졌다. 특히 국회는 '제왕적 국회'라고 비판받을 정도로 입법부 권한이 행정부보다 더 커진 측면이 있다. 국무총리·장관이 국회에 불려가 쩔쩔매는 모습은 이제 일상사다. 국정감사 기간이 아니어도, 국회 상임위원회만 열려도 그런 장면이 연출된다. 참고인으로 불러놓고 형사 사건 피의자처럼 대하는 의원들의 기고만장·오만 무례한 태도는 무엇을 말하나. 면책특권과 불체포특권이 남용되면서 국회의원은 민주사회의 신흥 특권층이 돼버렸다.

노웅래 민주당 의원은 자기 집에서 3억여 원의 수상한 현금 다발이 나와도 바로 체포되지 않았다. 해명이 비상식적이고 의문점이 쌓여도 동료 의원들은 체포동의안을 쉽게 처리하지 않았다. 뇌물과 불법 정치 자금 수수 혐의로 검찰이 청구한 구속영장이 국회의원 앞에선 정지된 것이다. 일반인 같으면 상상도 못할 일이다. 같은 당 김의겸 의원이 기초적인 사실 관계조차 확인하지 않은 채 '대통령과 법무부 장관이 한밤중 악단을 부르고 술판을 벌이지 않았느냐'며 막무가내식 의혹을 제기했어도 아무런 책임을 지지 않은 것 역시 면책특권이라는 '절대 방패' 덕이었다.

이런 제도적 특권 때문에 같은 당 의원들은 '방탄 국회'를 열어 범죄 혐의가 짙은 동료를 보호했다. 여야 구별도 없다. 나쁜 제도가 비리 의원을 보호하는 후진 정치의 극단적 단면일 뿐이다. 입법부의 이런 퇴행을 내버려둬선 안 된다. 그러자면 법을 확 바꿔 불체포특권은 아예 없애고 면책특권도 최소한으로만 남겨야 한다. 그래야 국회의원이 청렴해지고 국회 내 발언에 대해 스스로 책임진다. 국회의원이 절제·자율·책임에 더 앞장서야 정치 개혁도 된다. 그간 많은 정당이 툭하면 이 양대 특권을 없애고 내려놓겠다고 해온 것 자체가 문제가 크다고 자인한 것 아닌가.

【 생각하기 】

정당마다 "특권 내려놓겠다" 자체가 문제 시인 퇴행 정치 만드는 구시대 유물

법과 제도도 생성·발전 과정을 거치며, 효용 가치를 다하기도 한
다. 면책·불체포특권이라는 국회의원 양대 특권이 서구에서 처음
생기고 제도로 굳어져온 데에는 명백한 이유가 있었다. 하지만 시
대 환경이 변했다. 안 그래도 논란이 큰 제도를 당사자들이 잘 활
용하지 못한 것도 큰 문제다. 툭하면 '방탄 국회' 시비로 명백한
범죄 혐의자까지 감싸면서 '특권의 카르텔'을 형성한 측면이 있
다. 마구잡이식 의혹 제기, 심지어 가짜뉴스의 확대·재생산으로
면책특권을 악용하는 경우도 적지 않다. 법과 제도가 후진적 정치
를 더 뒷걸음치게 만든 것이다. 선거철이면 이 특권을 스스로 없
애겠다며 개혁을 약속한 것도 한두 차례가 아니었다. 하지만 다급
한 국면이 지나면 늘 유야무야된 게 한국 현대 정치사다. 국민 권
리를 내세워 시작된 의회 특권이 국민 권한을 침해하고 스트레스
를 주기에 이르렀다. 특권의 조정·폐지로 정치 개혁에 나설 때다.

3만 원권 화폐 발행, 공론화가 필요할까?

'3만 원권 화폐가 등장하면 열렬히 환영하지 않을까.' 2023년 설 명절에 한 연예인이 SNS에 올린 제안이 제법 큰 반향을 불러일으켰다. 세뱃돈으로 1만 원 주기는 조금 적고, 5만 원짜리를 주자니 부담이고, 두 장, 세 장 세어서 주자니 좀스럽게 보일까봐 신경 쓰인 경우가 적지 않아 공감을 산 것이다. 고공 물가, 화폐 가치 추락이라는 현실이 반영됐다. 바로 정치권에서 3만 원권을 찍기 위한 준비를 하겠다고 움직이면서 언론도 반응했다. 달러와 유로화가 각각 10·20·50 단위라는 점도 이런 주장에 힘을 실었다. 하지만 1차 주체인 한국은행은 신중한 입장이다. 현금 사용이 현저히 줄어드는 데다 화폐 유통 인프라가 바뀌어야 하고, 여론도 성숙되지 않았다는 게 이유다. 국민 편의와 국가적 비용이 엇갈리는 3만 원권 발행, 공론화해볼 만한가.

【 찬성 】

여전히 사용처 많은 현금, 편의 높여야
OECD 중 한국만 '1·2·5 화폐 체제' 안 써

신용카드 사용이 보편화되고, 송금도 다양한 방식으로 편리하게 이뤄지는 시대가 된 것은 사실이다. 그래도 현금은 유용하게 사용된다. 가령 전통시장에 가보면 아직도 현금 거래가 적지 않다. 각종 종교 단체·시설 같은 곳에서도 현금 기부가 많다. 명절에 어린이·학생에게 세뱃돈이나 용돈을 줄 때, 괜찮은 식당을 비롯해 온갖 종류의 다양한 서비스나 물품 거래에 따른 봉사료(팁)를 주고받을 때도 아직은 현금이 사용된다. 갈수록 부담이 커지는 축의금 등 부조 문화에서도 지폐 종류가 더 세분화되면 지출이 편리해진다.

이런 경우에 대응하자면 현금 종류가 다양해지는 게 좋다. 금융 소비자인 국민이 편리하게 실생활에 사용하도록 화폐에서의 '선택권', '선택의 자유' 폭을 넓혀줄 필요가 있다. 개인의 선택이 다양해지는 것은 좋은 일이다. 온라인을 통한 최근 여론조사를 보면 3만 원권 발행에 찬성한다는 의견이 더 많다.

경제 선진국과도 비교해볼 만하다. 미국은 10·20·50·100달러 지폐를 쓴다. 1·2·5달러 지폐가 있는데도 이렇게 다양하다. 유로화도 10·20·50 체제다. 일본도 1,000엔, 5,000엔, 1만 엔권과 함께 이전에 발행한 2,000엔권이 쓰인다. 선진국 클럽인 경제

협력개발기구(OECD) 국가 가운데 '1·2·5 단위 체제'를 쓰지 않고 바로 1만 원·5만 원으로 가는 나라는 한국뿐이다. 그래서 문제라는 게 아니라, 금융·경제 활동에서의 편리 증진이 필요하다는 뜻이다.

5만 원짜리가 나온 게 2009년이다. 그것도 1만 원권이 나온 뒤 36년이 지나서였다. 화폐 제도에서 편의 도모가 그동안 없었다는 얘기다. 5만 원 발행 당시 한은은 "1만 원권 발행 이후 물가는 12배, 국민소득은 120배 올라 경제 주체의 불편이 커졌다"고 설명했다. 이제 변한 사회상을 반영해 선택의 편의를 더 증진시킬 때가 됐다. 3만 원권 발행은 근대 이전의, 경제와는 상관도 없는 인물을 담은 화폐 도안을 혁신하는 계기로 삼을 수 있다는 점에서도 고무적이다.

【 반대 】
한은 정례조사, 부정적 의견 더 많아
현금 사용 감소, 발행·유통 비용 부담 커

화폐는 국민 전체의 상거래, 개인 간 이전거래에 보편적으로 폭넓게 쓰인다. 명절 용돈이나 경조사 현금 주고받기는 용도의 극히 일부분이다. 명절 때 한 연예인의 '감성적' 제안이 있은 직후 인터넷상에서 이뤄진 소규모의 설문조사에서나 찬성론이 더 나왔을 뿐이다.

다수 국민을 대상으로 3년마다 정식으로 실시하는 한은의 '화폐 사용 만족도 조사'에서는 2·3만 원 발행 수요가 거의 없다. 다수 국민은 화폐 추가 발행에 그만큼 신중하다. 발행 절차는 한국은행 금융통화위원회 의결을 거친 뒤 기획재정부가 승인하면 되지만, 광범위한 국민 공감대가 형성돼야 한다.

발행에 드는 비용과 시간도 만만찮다. 도안을 정하는 데만 최대 1년이 소요되는데, 화폐에 쓸 인물 선정도 어렵다. 위·변조 방지 장치, 시각장애인용 감촉 장치 등까지 갖추자면 새 돈을 내는 데 2~3년이 필요하다. 현행 5만 원권도 2006년 12월 국회에서 '고액권 화폐 발행 촉구 결의안'이 통과된 지 2년 반 만인 2009년 6월에야 선보였다. 발행에 드는 비용도 적지 않다. 막대한 초기 제작 비용에다 현금자동입출금기(ATM)를 수정·교체하는 데도 추가 비용이 많이 들어간다. 경제 규모에 비해 현금 사용이 상대적으로 많은 편인 일본도 과거에 2,000엔권을 찍었지만 사용이 줄어 지금은 발행을 중단한 상태다.

한국의 경제 규모와 심각해지는 인플레이션 현상을 보면 더 시급한 것은 10만 원권 지폐 발행 여부나 리디노미네이션(화폐 액면 단위 변경) 논의다. 10만 원권 추가 발행이나 돈 단위 변경도 화폐 가치를 하락시키며 인플레이션 심리를 부추기는 부작용이 있어 신중하게 접근해야 한다. 2022년 발표된 국민 1인당 월평균 현금 사용액은 51만 원(2021년 지출)으로, 2018년의 64만 원보다 크게 줄었다. 전체 지출에서 현금이 차지하는 비중은 22퍼센트로 신용·체크카드 지출(58퍼센트)의 절반도 안 된다. 현금 없는 사회로 더 급속히 이행될 것이다. 이런 판에 막대한 발행비용을 부담할 이유가 없다.

【 생각하기 】

카드·페이 늘어도 현금 필요
'근대 인물'로 화폐 교체, 경제교육 계기로

생활 속에 완전히 정착한 신용카드는 물론이고 각종 '페이 시스템'이 편리하게 자리 잡고 있다. 하지만 숫자에서 숫자로 바로 옮겨지는 결제 시스템이 아무리 발전해도 현금은 살아남고, 계속 필요할 것이다. 혹자는 '지하경제'와 범죄 등에 연루된 '검은 돈' 배제를 이유로 현금 없는 사회를 재촉하지만, 현금은 경제 주체의 본질적 자유 보장과 매우 밀접한 관계가 있다. 전산화·온라인화되는 모든 거래는 어떤 식으로든 국가 통제하에 들어갈 수 있고, 그런 국가는 결국 '빅브러더(big brother) 국가'가 될 수 있기 때문이다. 3만 원권 발행 논의가 화폐의 존재 여부 차원에서 이뤄질 필요는 없지만, 화폐 제도의 본질도 함께 볼 필요가 있다. 3만 원권 발행 논의에 앞서 근대 이전의 유학자 등이 주축인 화폐 도안을 근대 이후 인물로 바꾸자는 논의야말로 공론에 부쳐볼 만하다. 이 주장의 핵심은 경제와 금융, 돈의 진짜 가치에 주목하자는 것이다.

사실상 강제징수하고 있는
KBS 수신료, 개선해야 하나?

2023년 3월, 말도 많고 탈도 많은 KBS 수신료 강제징수 방식이 다시 도마 위에 올랐다. TV 수신료는 방송법에 따라 '텔레비전 수상기를 소지한 사람'에게 매달 2,500원을 의무적으로 부과하는 것인데, 1994년부터 한국전력이 KBS로부터 징수 업무를 위탁받아 대행하고 있다. KBS 수신료를 전기요금에 끼워 징수하는 것에 대한 불만은 문재인 정부 때 특히 많았다. 적지 않은 국민(시청자)이 KBS의 보도 행태, 프로그램의 수준에 불만을 표시하면서 조직적 시청료 납부 거부 운동까지 벌어졌다. KBS는 늘 '공영방송'이라고 내세웠지만 과연 무엇이 공영방송이며, 그런 주장에 걸맞은 보도를 했느냐는 문제 제기였다. 이런 여론을 수렴하면서 대통령실이 개선책 찾기 공론화에 나섰다. KBS 수신료 개선 논의는 적절한가.

'자칭 공영방송'의 편파·저질 심각
BBC 등 해외에선 수신료 폐지 기류

자칭 공영방송이라는 KBS에 대한 다수 국민의 불만이 심각한 상황에 달했다. 해묵은 논란거리인 수신료 강제징수 문제가 다시 불거진 것도 편파적 뉴스와 오락·연예라는 이름하의 저질 프로그램이 너무 많기 때문이다. 문제는 이런 프로그램이 시청률 경쟁을 일삼는 일반 상업방송이 아니라 스스로 공영이라고 주장하는 방송사에서 넘쳐나는데, 시청자들은 수신료를 강제로 내야 한다는 점이다. 그것도 국민 모두가 내는 전기요금에 가려진 채 억지로 내는 상황이다. 선택권은 없다.

무엇보다 근래 사회적으로 쟁점이 된 시사 이슈에서의 명백한 편향 보도가 문제다. 2022년 대우조선해양 파업 때는 노동조합 편을 들며 경제 6단체가 한목소리로 우려·반대하고 있는 '노란봉투법'에 대해 반론조차 없이 필요하다고 보도했고, 화물연대의 불법 파업에 대해서도 친노(親勞)·친야(親野) 기사를 주로 내보낸다는 비판을 받았다. 공영방송이라는 주장에 맞지 않는 보도를 한다는 비판이 다른 언론매체와 사회단체 등에서 반복적으로 나왔다.

최근에는 유튜브, 넷플릭스 등 OTT의 확산으로 동영상 콘텐츠 이용이 다양해지면서 전통적 플랫폼인 TV는 뒤로 밀리고 스마트폰과 PC가 그 자리를 차지하고 있다. 수신료 자체가 논리적으로 타당하지 않게 됐다. 29년 전 날림으로 도입된, 전기요금에 편승한 시청료 징수는 시대적 소임이 끝났다. 한전에 접수된 KBS 수신료 관련 불만 민원은 4만 8,114건(2021년 기준)에 달했다. 모두 폐지 요구다. 2022년 KBS의 수입 1조 5,300억 원 중 수신료 비중이 6,935억 원에 달한다. 일반 상업방송처럼 광고 다 하고, 강제로 수신료까지 받으며 프로그램의 수준은 낮아 '신의 직장이냐'는 조롱 같은 비판도 듣고 있다. 공영방송의 원조로, 모범적 프로그램을 많이 생산해온 영국 BBC는 2022년 연간 159파운드였던 수신료를 2년간 동결했고, 2027년에는 폐지하기로 했다. 프랑스 FTV, 일본 NHK도 공영방송 수신료를 없애는 방향으로 가고 있다.

【 반대 】

일부 논란 프로그램은 지엽적 현상
독립·전문·중립 방송 키워나가야

어느 나라에나 공영방송이 있다. ABC, CBS, NBC, 폭스 등 거대 민간 상업 미디어가 주도하는 미국에도 공영방송이 있다. 공공 부문 고유의 역할과 기능이 있는 것이다. 공영방송은 광고에 아예 기대지 않거나 최대한 적게 의존하면서 방송을 해야 기업 등 광고주로부터 부당한 영향을 받지 않게 된다. 그러자면 수신료가 필요하다. 더구나 오늘날 거대 기업은 그 자체로 영향력과 '사회적 파워'가 워낙 커서 그들로부터 독립·중립적 방송을 하기가 쉽지 않다. 전체 국민(시청자)이 크지 않은 금액이라도 정기적으로 지원해야 그런 '공익형 방송'이 가능해진다.

KBS가 일부 뉴스와 시사 프로그램에서 편향된 방송을 내보냈다는 지적이 있지만, 그것만으로 KBS의 전체 기능과 역할을 모두 규정할 수 없다. 기자나 PD의 자유로운 기사 작성 및 프로그램 제작 과정에서 나타날 수 있는 현상으로 좀 더 관대하게 볼 필요가 있다.

지배주주나 오너가 없다 보니 노동조합 활동이 왕성해지는 측면이 있지만, KBS 등 언론노조가 전국민주노동조합총연맹(민주노총) 산하라는 이유로 노조 관점만 반영한다고 보는 것은 과민 반응일 수 있다. 그렇게 본다면 과거 전두환 정부 때 이른바 '땡전 뉴스'(저녁 9시 알림음과 동시에 전두환 대통령 관련 내용부터 내보내던 뉴스)는 문제가 없었나. 조금씩 변하는 과정에서의 일을 두고 공영방송 본연의 기능·역할까지 부인하는 것은 곤란하다.

경제가 어려워진 데다 신문·방송 등 '레거시 미디어'를 넘어서는 새로운 매체가 다양하게 등장하면서 전통적 방송은 경영의 위기를 맞고 있다. KBS 역시 연간 수백억 원의 적자를 내기도 한다.

경영에 방만 요소를 적극 찾아내 자구 노력도 해야겠지만, 재정적 지원의 틀을 갑자기 끊으면 KBS는 존재하기 어렵다. 큰 틀에서 여유를 갖고 보면서 중립성·객관성·전문성과 탈정치를 요구하는 게 현실적이다. 그런 식으로 좋은 공영방송을 키워나가는 게 바람직하다.

【 생각하기 】

소비자 선택권, 수신료 납부 거부권, 시청자 주권 문제… 이제는 공론화 필요한 시점

논란의 시청료 문제는 대통령실이 'TV 수신료와 전기요금 통합 징수 개선, 국민 의견을 듣습니다'라는 제목의 글을 국민제안 홈페이지 국민참여 토론 게시판에 올리면서 시작됐다. 찬성과 반대 입장을 두루 들어 토론회를 연 뒤 내용을 정리해 관계부처에 전달하려는 취지였다.

　소비자 선택권, 수신료 납부 거부권 행사의 제한, 강제징수 방식의 시대적 한계, 시청자 주권 등이 쟁점이다. 근본적으로 '이 시대에도 공영방송이라는 개념·주장이 타당한가'라는 논의로 이어진다.

　'공영신문'이 없어도 신문 쪽에는 이런 문제가 없다. 영국, 프랑스 등 해외의 수신료 폐지 및 분리징수 기류도 참고할 만하다. 방송에 대한 책임을 한층 강화하고, 끊이지 않는 정치권의 방송 장악 논란에서 완전히 벗어나자면 공영방송 자체를 아예 없애는 것도 과제로 생각해볼 수 있다. 방송 장악을 위한 거대 야당의 방송 관련법 개정 시도가 걱정이다.

학교폭력,
기록 남겨 취업에도 반영해야 할까?

2023년 4월, 정부가 학교폭력 가해를 대학 입시에 반영하고, 기록은 졸업 후 4년간 남기기로 결정했다. 취업 때도 반영하도록 하는 방안까지 검토됐으나 이번에는 빠졌다. 사회 진출(취업)에 중대한 불이익을 주자는 주장이 완전히 없어진 것은 아니다. 학교폭력이 새삼스러운 일은 아니다. '정순신 변호사 아들 폭력 논란'이 정 변호사 공직 기용 과정에서 불거지면서 다시 화제가 됐다. 결국 '처벌 강화' 대책이 나왔지만 반대론도 만만찮다. 빗나간 학생을 바로잡는 것이 교육의 본질인데, 강한 처벌로 '주홍글씨'를 새겨 평생 힘들게 해서는 안 된다는 논리다. 그럼에도 제대로 된 학교 측 예방·처벌 대책이 없는 상황에서 피해자를 감안하면 엄격한 처벌 외에 대안이 없다는 차원의 불가피론은 설득력을 얻는다. 입시 반영을 넘어 취업에도 불이익을 주자는 방안은 이성적인가.

【 찬성 】

트라우마 심각한 피해자 입장 중요
용서·화해? 그럴듯한 말일 뿐

무엇보다 학교에서 폭력에 휘둘린 피해자를 생각해야 한다. 교실에서, 학교 주변에서 10대들의 폭력은 장소도 시간도 가리지 않는다. 한국 사회에서 누가 피해 학생을 돌보나. 학교인가, 교사인가, 동료 학생들인가, 경찰인가. 피해 학생들은 극심한 공포와 트라우마를 겪는다. 후유증은 청소년기를 넘어 성인이 된 뒤에도 계속되는 경우가 많다. 멀쩡한 학생에게 한때의 고통을 넘어 심각한 정신 장애까지 남기는 게 학교폭력이다.

　모두가 걱정만 하고 개탄만 해서는 학교폭력이 없어지지 않는다. 학교폭력은 완력에 흉기까지 동원된다. 언어폭력도 있고 금품 탈취도 있다. 스토킹과 사이버폭력, 강요도 있다. 집단 따돌림(왕따) 문화로 이어지는 데다 심지어 성폭력까지 있다. 피해 사실을 알리지 못하는 경우도 적지 않다. 한 조사에 따르면 초·중·고교생 중 피해 사실을 알린 경우는 평균 91퍼센트에 그친다. 10명 가운데 1명은 입도 못 떼고 있는 게 현실이다. '교육의 본질', '한때의 실수' 운운하며 유화책을 거론하는 사이 점점 심각해지는 게 학교폭력이다. 피해자의 실상은 도외시한 채 고상한 해법만 내놓는 가운데 돌이킬 수 없는 궁지로 몰리는 학생이 끊임없이 나온다. 이 악순환을 누가 책임지고 있나.

갈수록 교묘해지고 거칠어지는 학교폭력을 근절할 구체적 수단이 없다. 그렇다고 교사들이 제 역할을 하는 것도 아니다. '학생 인권' 타령을 하는 사이 교권도 사실상 상실돼 버렸다. 그렇다고 미국처럼 경찰을 교문에 배치하여, 폭력이 있으면 무장 경찰이 학교로 즉각 진입하게 할 것인가. 쉽지 않다. 신고를 해도 형사 처벌이 쉽지 않지만, 법정으로 가봐야 피해 학생에 2차 가해를 가하는 결과가 될 수도 있다. 길게 늘어지는 수사와 재판 자체가 자칫 추가 고문이 된다. 근절을 위해선 사회 진출에 불이익을 줄 정도로 실질적 처벌을 강화하는 게 가장 효과적이다.

【 반대 】

처벌 강화, 실효성 없는 '2차 가해'
모두 성장기 때 일… 교육이 무엇인가

학교폭력 가해자도 피해자도 아직은 성장기 학생이다. 어릴 때 한 번의 잘못으로 '폭력 가해자'라는 평생 멍에가 될 주홍글씨를 새겨선 안 된다. 이 또한 사회가 한 사람의 삶을 망가뜨리는 결과를 초래할 뿐이다. 법을 내세운 과잉 처벌이 정의라고 할 수 없는 이유다.

대입 수시모집에서 이미 학교폭력은 감점 요인으로 적용하고 있다. 수시모집의 86퍼센트가 학교폭력 기록을 반영하기 때문이다. 학교폭력이라고 하지만 사소한 다툼이나 친구끼리의 갈등처럼 다소 가볍게 넘어갈 수 있는 일도 적지 않다. 모든 사례가 심각한 처벌 대상은 아닌 것이다.

사회의 모든 갈등과 싸움, 가해에 대한 좋은 해법과 가르침은 화해·참회·치유·용서다. 이런 본연의 가치를 복원하는 게 중요하다. 해법에 시일이 걸리고, 치유가 더뎌 보여도 이 방향으로 가야 한다. 교육의 본래 기능이 가르침과 훈육 아닌가. 학교와 교실, 교사의 제자리 찾기가 선행돼야 한다.

어릴 때 한 번의 실수를 대입에 반영하는 것도 과잉 반응인데, 취업에까지 적용하는 것은 심하다. "학생이 성인을 상대로 한 폭행·강도·사기 등 형사 범죄에는 불이익이 없는데, 학교폭력에 대해서만 중징계를 하자는 게 타당한가"라는 한국교원단체총연합회 주장에도 귀 기울일 필요가 있다.

과도한 처벌은 피해 학생에게도 추가적 피해를 발생시킬 수 있다. 취업까지 불리해지면 가해 학생 측이 폭력 행사 사실을 더욱 시인하지 않게 되어 법정 싸움만 길어질 가능성이 있기 때문이다.

실효성도 의문이다. 모든 범죄가 그렇듯 중징계한다고, 처벌을 강화한다고 학교폭력이 줄어들지 않는다. 더구나 출신 학교, 남녀 성별까지 다 가리는 블라인드 채용이 정부 주도로 확대되는 판에 학교폭력 사실을 취업 때 어떻게 가려낼 것인가. 학교폭력의 취업 반영은 연좌제를 연상시킨다. 부모, 형제의 범죄를 자식에게 연결해 불이익을 주는 연좌제가 왜 없어졌는지 생각해볼 필요가 있다. 현실성이 없다. 차라리 교권을 확대해 교사에게 더 많은 책임을 부과하는 게 옳다.

【 생각하기 】
'소황제' 늘어나는데 '어른'은 없는 사회
학교·교사 살려내야

무자녀 가정도 많고, 자녀가 있어도 하나인 경우가 늘고 있다. 모두 귀하고 귀해졌다. 중국에선 일찍부터 '소(小)황제'라고 했다. 영화, 드라마, 게임 등으로 학생들의 폭력 노출은 기하급수로 늘었다. 빗나간 학생에 대해 학교가 취할 수 있는 조치도 크게 줄었다. 교권은 언감생심, 교사도 많이 위축됐다. 사회에는 어느새 '어른'이 없어졌다.

그렇다고 모든 것을 법으로 해결할 수는 없다. 그런 법을 만드는 것도 불가능하다. 툭하면 '인성교육 강화'라는 말이 나오지만, 이런 말이야말로 추상적이고 공허한 대책이다. "누가? 어떤 인성을? 어떻게 강화하나?"라고 묻는다 해도 답을 내놓을 이가 없는 게 우리 현실이다.

'학생 인권'을 과도하게 내세워온 이들의 책임이 적지 않다. 취업에까지 불이익을 주는 처벌은 공론화해 더 많은 여론을 수렴할 필요가 있어 보인다. 폭력이 일상화된 영화·드라마 등 미디어도 각성해야 한다.

남산 터널 통행료,
철폐해야 할까?

서울 남산 1·3호 터널을 개인 승용차로 지나치려면 통행료를 내야 한다. 매번 2,000원이다. 서울시의 통행료 징수는 28년째다. 외국에서도 도심이나 특정 혼잡 지역에서 통행료를 받는 일은 흔하다. 고속도로 등의 통행료와는 성격이 달라 혼잡부담금 내지는 편의 수익자에 대한 공사비 부과 성격이 강하다. 서울시는 이러한 '혼잡통행료'를 없앨지를 놓고 고민하며 2023년 3월부터 통행료 징수 면제 실험을 한 결과, 2024년 1월 15일부터 외곽(강남) 방향 차량에는 통행료를 부과하지 않기로 했다. 통행료를 없애면 이용자 부담이 없어져 통행자에겐 도움이 되겠지만 도심 차량 속도가 떨어진다. 저탄소 정책과 어긋난다는 지적도 있다. 반면 그다지 실속도 실리도 없는 부과인 만큼 없애야 한다는 주장도 만만찮다. 도심의 터널 통행료, 철폐하는 게 맞을까.

도심 도로·터널, 모두 함께 쓰는 공공재
면제 많고 우회도로 있어 효과 미미

도심의 일반 도로 통행에는 요금 부담이 없다. 도로는 누구나 이용할 수 있는 공공재이기 때문이다. 도로 이용이 특정 그룹이나 계층에 차별적일 수도 없고, 실제로 차별적이지도 않다. 일반 공공재가 대개 그렇다. 물론 특별한 경우의 유료 도로도 있다. 그런 경우는 처음부터 민간자본을 유치해 그에 대한 이익 보장, 즉 이자 지급을 위해 통행료를 부과한다. 고속도로의 경우 '수익자부담 원칙'을 따르고 있다.

서울 도로에는 통행료를 부과하는 곳이 없다. 남산터널도 그런 차원에서 볼 필요가 있다. 통행료 징수 효과도 객관적으로 봐야 한다. 과연 차량 통행량이 줄어들었고, 도심 혼잡이 개선됐느냐를 측정해보자는 것이다. 통행료 도입 직후에는 터널 이용 차량이 줄어들기는 했다. 하지만 일시적 현상이었다. 시간이 지나면서 부담금 2,000원의 가치가 떨어졌고, 승용차가 늘어나면서 터널 통행량은 증가해왔다. 2,000원 부담에도 터널을 지나겠다는 차량은 여전했고, 다른 도로로 우회하더라도 사대문 안 도심으로 진입하는 차량은 오히려 늘어났다. 저공해 차량, 경차 등 통행료 면제 대상이 늘어난 것에도 주목해야 한다. 그 나름대로 면제 이유는 있지만 통행량 조절이라는 제도 도입 취지에서 볼 때 면제 남발은 합리적이라고 하기 어렵다. 공휴일·주말의 면제도 같은 맥락에서 타당성을 살필 필요가 있다. 이래저래 요금 면제가 늘어나면서 통행료가 제 역할을 못 한다는 지적이 계속 나왔다.

혼잡 방지나 완화를 위한 통행료 부과라며, 도심으로의 진입뿐만 아니라 도심에서 외곽으로 빠져나가는 차량에도 돈을 거두는 것 역시 비합리적이다. 뉴욕 맨해튼 같은 경우 진작부터 도심 진입에만 징수하지 않나. 서울시 예산 규모와 비교해봐도 징수 요금이 시 재정에 도움이 되는 것도 아니다.

【 반대 】
혼잡·대기오염·탄소 발생 책임 강화
'수익자부담원칙', 요금 올리면 큰 효과

통행료 부과는 도심 교통량을 줄여 혼잡 감소 효과가 있음이 확인됐다. 서울시의 중간 점검에 따르면, 최근 구도심에서 강남 쪽으로 빠져나가는 방향에만 통행료를 면제했을 때와 양방향 모두 통행료를 면제했을 때를 비교해본 결과 후자의 경우 통행량이 늘어났다. 남산터널 주변의 장충단로·소파길·소월로 등 우회도로 이용량은 감소했다. 면제 전 터널 하루 통행량은 평균 7만

5,619대였으나 양방향 면제 이후 8만 5,464대로 13퍼센트나 늘어났다.

도심 통행 속도에도 변화가 나타났다. 통행료 부담 시 평균 시속 18.2킬로미터이던 도심(종로·을지로·퇴계로·세종대로·대학로) 차량 흐름 속도가 강남 방향 면제 기간엔 17.9킬로미터(1.6퍼센트 하락), 양방향 면제 기간엔 17.4킬로미터(4.4퍼센트 하락)가 됐다. 터널 주변의 직접 영향권에 드는 구간은 도심에서 나가는 방향 면제 때 26.6킬로미터(4.3퍼센트 하락), 양방향 면제 때는 25.0킬로미터(10퍼센트 하락)로 더 많이 느려졌다. 요즘 물가로 볼 때 한 번 통행에 2,000원이 큰 부담이 된다고 말하기는 어렵지만 '혼잡통행료 효과'는 분명히 있다. 도심 혼잡 완화 노력을 더 기울여야 할 판에 폐지하는 것은 거꾸로 가는 행정이다.

이런 효과를 보면 오히려 오랜 기간 2,000원이었던 통행료를 더 인상해야 한다. 자가용 승용차 이용자가 피부로 느끼도록 가급적 큰 폭으로 올릴 필요가 있다.

자가용 승용차로 혼잡한 도심에 진입하는 사람이 누리는 편리에 맞춰 부담금을 더 내는 게 합리적이다. 대기오염 유발 원인을 제공한 사람이 도심 공기 질 개선에 비용을 더 부담하는 것이 공정하다. 탄소 배출 감소를 위해 전 세계가 노력하고, 한국 정부도 '무리한 목표'라는 비판을 받으면서도 저감 대책을 세우고 시행하려는 상황이다.

통행료가 부담된다면 대중교통을 이용하면 된다. 서울만큼 대중교통이 잘된 곳이 또 어디 있나. 평일 하루에 6,000여만 원, 150억 원가량인 혼잡통행료를 시민이 체감할 수 있는 쪽에 합리적으로 잘 쓰는 것은 그것대로 과제다.

【 생각하기 】

징수한 3,400억 원, 교통 개선에 썼나
대중교통 편리성 높여 시민의 자발적 선택 유도

남산터널은 1968년 북한의 무장 간첩단 김신조의 청와대 습격 사건 직후 건설됐다. 평소에는 도로로, 비상시에는 대피소로 쓸 수 있는 터널 공사가 1969년 대통령 지시로 시작돼 1970년 1·2호, 1978년에는 3호 터널이 완성됐다. 1996년부터 이어져온 현재의 혼잡통행료 이전의 통행료는 공사 비용 회수 차원이었다. 터널 통과 시 30~120원씩이었다. 통행료는 공사비가 충당된 1990~1994년 폐지됐다가 1996년부터 혼잡통행료(평일 오전 7시~오후 9시에 적용)라는 명분으로 되살아났다. 당시 1,000원으로 거론됐던 요금이 2,000원이 되면서 반대 여론도 컸다. 덕분에 시행 첫 1주일간 통행량이 60퍼센트 줄기도 했다. 서울시가 지난 26년간 거둔 통행료 3,400억 원을 어떻게 썼는지 공개하고, 나아가 향후 사용 계획까지 밝힌다면 설령 다소 올려도 명분이 설 것이다. 또한 버스·지하철 등 대중교통의 편리를 높여 시민 스스로 자가용을 두고 움직이도록 유도하는 게 좋다.

친환경 에너지, 'RE100' 대신 'CFE100'이 타당한 전략인가?

RE100(Renewable Electricity 100퍼센트)은 2022년 대통령선거 때 후보자 간 토론으로 화제가 된 에너지 전략이다. 기업이 사용하는 전력의 100퍼센트를 태양광·풍력 등 신재생에너지로 충당하자는 캠페인이다. 2014년 영국에서 시작해 기업의 자발적 참여를 유도하는 글로벌 캠페인이지만 많은 나라에서 정책에 반영해왔다. 한국도 여기에 가세했다. 하지만 한국처럼 재생에너지의 성장력과 잠재력이 떨어지는 나라에서는 비현실적이고 기업 부담만 키운다는 지적도 만만찮았다. 그 대안으로 나온 게 CFE100(Carbon-free Energy 100퍼센트) 혹은 CF100 캠페인이다. 글로벌 탄소중립 달성 운동의 일환으로, 2021년 유엔 고위급 에너지 회담의 결과다. 2023년 들어 한국 정부와 대한상공회의소도 이쪽으로 방향을 돌리고 있다. RE100 대신 CFE100, 타당한 전략인가.

RE100 너무 이상에 치우쳐 비현실적
유엔 주도, 원전·수소 포함 CFE100 이성적

RE100 전략은 애당초 무리한 전략이었다. 2014년 영국의 비영리 단체인 더클라이밋그룹(The Climate Group)이 제창한 이 캠페인은 너무 이상적이고 비현실적인 구호였다. 전력 수요는 기하급수로 늘어나는데 태양광과 풍력 등 신재생 에너지만으로 이를 충당하자는 것은 꿈 같은 주장일 뿐이다. 더구나 한국처럼 풍력을 이용한 전력 생산이 계절과 날씨에 따라 불규칙적이고, 태양광을 이용한 전력 생산 역시 산지 파괴나 농지 훼손처럼 부작용이 큰 곳에서는 현실로 수용해 이행하기 어렵다. 기업에 혜택과 제재 조건을 내걸며 정책으로 반영한다 해도 달성하기 어려운 목표다. 많은 나라가 이런 주장을 지켜봐오면서도 실제 정책에 선뜻 적용하지 못하는 이유이기도 하다. 바람은 부족하고 일조량도 계절별로 불규칙한 상황에서, 24시간 안정적인 전력 공급이 중요한 반도체 공장 등에 필요한 전력을 보내기가 어렵다.

이에 반해 CFE100은 상당히 현실적이다. 말 그대로 무탄소 에너지를 지향하지만, 원자력발전과 청정 수소 에너지를 포함하는 개념이다. 유엔이라는 최고 권위의 국제기관에서 주도한다는 사실도 중요하다. 원전과 수소연료전지를 각국 사정에 맞춰 제조업체에 적용하면 유엔이 기후협약총회를 통해 노력해온 탄소중립 목표를 달성할 가능성도 커진다. 이 방향으로 간다고 해서 RE100 캠페인을 무시하는 게 아니라 포용한다는 사실도 중요하다. 미국조 바이든 행정부가 인도·태평양 경제 프레임워크(IPEF)에서 일반적 재생 에너지 외에 원전과 수소도 청정 에너지로 간주한 것과 같은 맥락이다. 유럽도 최근 원전을 친환경 에너지로 규정하기 시작했다.

더구나 한국은 원전 비중이 높다. 원전과 수소 관련 기술도 앞서 있어 CFE100 쪽으로 가야 산업적 기회까지 확보할 수 있다. 최근 산업통상자원부와 대한상공회의소가 이 방향으로 공식 포럼을 출범했고, 기업들의 동참이 고무적이다. 에너지 장기 전략을 속히 바로잡아야 한다.

【 반대 】

400여 개 기업 동참으로 RE100 속도 빨라져
재생 에너지 개발·투자에 적극 나서야

RE100 캠페인은 어느 정도 궤도에 들어선 국제적 흐름이다. 애플, 마이크로소프트, 소니, 이케아, GM 등 400여 개 기업이 참여하고 있다. 이들은 글로벌 협력업체에 RE100 준수를 납품 요건으로 제시하고 있다. 민간 자율 캠페인이지만 이 트렌드를 무시하면 수출 등 국제 거래가 어려워질 수도 있다. 환경·에너지 분야의 무역 기준처럼 된 것이다. 유럽은 이미 수입에 RE100 단서를 달아 무역 장벽으로 삼기 시작했다. 재생 에너지로 제품을 생산하지 않으면 수출이 어려운 '탄소국경부담금 제도'가 소리 없이 자리 잡고 있다. 이런 상황을 무시하고 기업이 힘겹게 준비해온 RE100을 외면하면 어떤 결과에 이를지 잘 판단해야 한다. 기업 부담이 크다고 외면하면 득보다 실이 클 수 있다.

태양광과 풍력에 한계는 있지만, 신재생 에너지 전력 기술도 날로 발전하고 있다. 전기 생산 기술이 획기적으로 좋아지면 비용 효율성도 올라갈 것이다. 한국에서는 원전-탈원전-원전 복원'으로 정책 방향이 왔다 갔다 했지만, 원전의 안전성을 둘러싼 논란이 완전히 정리된 것도 아니다. 수소 에너지 역시 어떤 부작용이 있는지, 지금 기술로는 안전성이 완벽히 입증된 바 없다.

경기도가 도 산하 28개 공공기관을 중심으로 '경기 RE100 정책 실천'에 나선 것에 주목할 필요가 있다. 공공기관의 유휴부지 옥상 주차장에서 태양광발전을 시작하고, 공공기관 평가에 RE100 이행 여부를 반영하는 식으로 RE100 실천에 앞섰다. 중앙정부와 지방자치단체를 통틀어 경기도가 처음이다. 경기도는 공공기관 설치 조명등 전체(31만 9,253개)를 LED로 교체하고, 비효율적 에너지 소비행태 개선, 스마트 에너지 관리 체계 도입으로 에너지 사용량도 줄여갈 계획이다. RE100은 한국만 외면한다고 피할 수 있는 흐름이 아니다. 재생 에너지 기술 개발에 더 투자해야 한다. 정부와 지자체 의지에 따라 RE100은 충분히 달성 가능한 목표다.

【 생각하기 】
이상 vs 현실, 기술 vs 비용 '에너지 딜레마'
무역 장벽 보며 CFE 포럼 내실을

RE100과 CFE100이 적대적이거나 대립적이지는 않다. 다만 이상과 현실성, 대안의 합리성에서는 차이점이 분명하다. 기업의 수용 가능성도 봐야 하고, 원전 비중이 높은 한국 에너지 산업의 특성도 감안할 필요가 있다. 미국, 일본, 프랑스 등 전통적 원전 강국의 기류도 중요한 변수다. 두 캠페인 모두 서방 선진국이 주도하는 저탄소 어젠다인 만큼 국제사회의 흐름을 주시하지 않을 수 없다.

주요한 관심사는 CFE100이 현실성 떨어지는 RE100을 대체하는 새로운 국제 표준이 될 가능성이다. 물론 이런 기류를 한국이 주도할 수도 있다. 그런 점에서 산업부와 대한상의의 CFE 포럼이 어떤 전략과 비전을 제시할지 주목된다.

기업 부담과 무역에서의 변수, 국제 기류의 동참과 국내 여건을 지혜롭게 조화해나갈 필요가 있다. 에너지 문제는 극히 현실적인 과제다. 갈지자 정책 행보도 문제지만, 지나친 이상론도 경계 대상이다.

공동 소송대리권 달라는
변리사들의 요구는 타당한가?

변호사는 의사와 더불어 국가가 공인하는 대표적인 전문 자격사다. 특허 문제를 전담하는 변리사도 전문성이 있는 정부 인정 자격증 소유자다. 그런데 법원에서의 소송대리는 변호사가 전담하고 변리사는 행정소송에 한해 제한적으로만 할 수 있다. '변호사가 아니면 소송대리인이될 수 없다'고 민사소송법에 명시돼 있기 때문이다. 하지만 변리사들이이에 반대하며 소송대리권 확대를 요구해왔다. 이 문제로 두 전문가 집단 간에는 십수 년간 공방과 논란이 계속돼 왔다. 21대 국회에도 그런내용으로 변리사법 개정안이 제출돼 있으나 변호사회와 변호사 출신의원들의 반대로 무산될 공산이 크다. 특허 침해 관련 민사소송에서 변호사와 소송을 공동으로 대리할 수 있어야 한다는 변리사회 주장을 어떻게 볼 것인가.

난해한 특허 분야는 변리사가 최고 전문가
자금·인력 달리는 중소기업·벤처에도 도움

변리사들이 모든 소송대리인으로 나서겠다는 것이 아니다. 변리사가 최고의 전문가로 인정받는 분야인 특허 관련 분쟁에서 변호사와 공동으로 대리할 수 있게 해야 한다는 요구다. 이 주장은 갑자기 나온 게 아니다. 1996년 대법원장의 동의를 받아 사법연수원 교수들이 변리사에게 민사소송 실무연수 교육을 한 뒤부터 변리사들이 이 교육을 맡아왔다. 변리사법 개정 논의도 17대 국회인 2006년부터 계속돼왔다. 그 결과 2006년, 2008년에는 국회 산업통상자원위원회를 통과하기도 했으나 법제사법위원회에서 제동을 거는 바람에 논의가 더 진행되지 못했다. 법사위에 포진한 변호사들이 자신들의 영역을 변리사가 침해한다고 판단해 반대한 꼴이다.

　변호사들이 이렇게 반대하는 것은 특허 관련 소송 시장이 워낙 크기 때문이다. 이 분야 법률 시장을 변리사에게 넘겨주지 않겠다는 이익 지키기에 다름 아니다. '지대 추구(rent seeking)' 행위나 마찬가지다. 현대 기업의 덩치가 갈수록 커지고, 특히 대기업들은 글로벌 경쟁이 치열한 가운데 특허권 관리에 매우 민감하다. 다국적 대기업을 상대로 특허소송을 자극하고 관련 컨설팅을 주업으로 삼는 전문가 그룹도 나타나고 있다. 특허권 침해의 시비가 워낙 전문적인 데다 이익 침해에 따른 손해배상 요구 액수도 천문학적 단위에 이르고 있다. 이러니 변호사들이 '밥그릇'을 내놓지 않으려 한다. 변호사법에 있는 이런 소송대리권의 기득권 조항은 변해야 한다.

특허소송 법정에 가보면 변리사가 적어준 메모를 그대로 읽는 변호사의 모습을 볼 수 있다. 실질적으로 변리·변호를 변리사들이 다 하는데 변호사회가 기존 권한을 내놓지 않으려는 것일 뿐이다. 의뢰인들의 권리 제고 차원에서도 필요하다. 자금력과 인력 부족으로 특허 분쟁에서 대응이 어려운 중소기업, 벤처업계도 변리사의 소송대리를 원하고 있다.

【 반대 】

비법률전문가의 소송대리, 사법체계에 혼란 가져와
헌재도 2012년 '변리사 대리 불가' 판단

변리사에게 소송대리권을 주는 것은 법리에 맞지 않는다. 특정 기술 분야에 전문성이 있다고 법률 대리권을 준다면 변리사뿐 아니라 다른 많은 자격증 소지자에게도 이를 부여해야 한다는 논리로 이어질 수 있다. 법률에 따른 법정에서의 소송대리는 국가가 엄격한 관리로 양성한 법률인이 수행해야 한다. 우리의 민사사법 체제가 그렇게 돼 있다. 전반적인 법률 지식과 소송 수행 역량이 부족한 비전문가가 그런 소송대리를 하게 되면 복잡하고 전문적인 소송 절차에 극심한 혼란이 일어날 수 있다.

사법 체제의 엄격한 질서가 무너지면 소송 의뢰인이 어떤 불이익을 받게 될지 모른다. 나아가 모든 국민의 법적 이익이 침해받을 수도 있다. 2012년 헌법재판소가 '변리사는 민사상 손해배상에 관한 특허침해소송을 대리할 수 없다'고 판단한 이유다. 그 대신 변리사는 특허심판원이 내린 심결을 취소하도록 요구하는 소송에 대해서는 대리인을 할 수 있다. 국회 법사위에서 제동이 걸린 것도 그런 맥락의 연장이다.

변호사가 변리사의 전문 지식을 존중하면서 활용하고 있는 현실도 감안할 필요가 있다. 특히 로펌에서는 변호사와 변리사가 내부적으로 한 팀을 이뤄 쟁송 사안에 대처해나간다. 경우에 따라서는 이런 준비 과정에서 우수한 변리사들이 재판과 관련된 사실의 확인, 논리의 개발 등에서 탁월한 역량을 발휘하고 변호사는 이에 법률 지식을 덧보태 법정으로 나가기도 한다. 국제 특허 송사에서도 마찬가지다. 변리사가 소송에 참여하는 길이 원천적으로 막혀 있는 건 아니라는 의미다. 그런데도 법조계의 우려나 반대를 무릅쓰고 변리사들이 계속 소송대리를 하겠다고 고집하면 이들 역시 영역 확대에 나섰다는 비판에서 자유롭기 어렵다.

산업계 외 과학기술계도 공동 대리 요구
영업 칸막이보다 소비자 편익 가장 중요

산업계뿐 아니라 한국과학기술단체총연합회, 지식재산단체총연합회 등 과학기술계도 특허분쟁에서 변리사 공동 대리 법안 제정을 촉구하는 현실은 중요한 대목이다. 비용 문제에다 소송 기간 줄이기 차원에서도 필요하다는 것이다. 변호사의 기득권 벽이 두터운 것은 사실이다. 변호사의 자격 권한 의무 등을 규정한 변호사법이 전문 자격사 사이에서 유난히 '무서운 법'이라는 사실도 어제오늘 일이 아니다. 변리사뿐 아니라 세무사, 법무사, 관세사 등과도 업역 다툼이 빈번했지만 아직은 '변호사 승(勝)'이다. 어떻든 전문 자격사 간의 '영업 칸막이'가 너무 견고한 것은 바람직하지 않다. 궁극적 관점은 소비자(국민) 편익이다. 변리사·변호사 다툼에서도 마찬가지다. 오래 논란을 거듭해온 법 개정안이 21대 국회에서도 법사위 문턱을 넘지 못한 채 본격적 토의도 없이 1년 넘게 표류 중인 것은 유감이다.

심각해지는 대학 재정난,
기여입학제에 대해 논의해보면 어떨까?

미국 연방대법원이 2023년 6월 29일, 62년간 자국 대학 입학 때 인종 문제를 고려해온 입시 정책인 '인종 등 소수집단 우대 정책(Affirmative Action)'에 대해 위헌 결정을 내렸다. 이로 인해 다양성, 인종 간 차별 철폐를 명분으로 흑인·히스패닉 등을 우대하면서 백인과 공부 잘하는 아시아계를 역차별한다는 논란을 불러온 정책이 폐기됐다. 이를 계기로 한국 입시에서 '3불(不)'의 하나인 기여입학제를 돌아본다. 기여입학제는 대학에 금전적 기여 등을 할 경우 입시에서 정원 외 일정 비율만큼 입학을 허용하는 것이다. 과거 한국에서 자녀를 '뒷문'으로 은밀히 대학에 입학시켰던 관행을 양성화한다는 비판도 있고, 대학의 재정난을 타개할 현실적 방법이라는 주장도 있다. 물론 충분한 사회적 공론을 거쳐야 할 것이다. 대학이 재정난, 장학금 부족에 시달리는 상황에서 기여입학제에 대해 논의해보는 것은 여전히 어려운 일인가?

【 찬성 】

'정원 외' 운용, 대학 재정에 도움
투명·공개 관리, 시행하면 정부 지원 금지

한국 대학의 낙후된 현실을 직시할 필요가 있다. 국내 최고 대학들도 국제 평가에서 뒤로 밀려나 있다. 15년째 등록금이 동결되면서 대부분 대학이 재정난을 호소한다. 정부는 이런저런 명목으로 대학에 지원금을 조금씩 나눠주면서 굴종을 요구한다. 대학 총장들은 교육부 관련 부서에 가서 고개를 조아리며 지원금을 받아오고, 온갖 간섭과 규제에 휘둘린다. '진리의 아성', '상아탑' 같은 표현은 다 옛말이다.

기여입학제는 나랏돈을 쓰지 않으면서 이런 대학을 정상화할 수 있다. 기존의 '정원 외 1퍼센트' 식으로 제한하면 기여입학생으로 불이익을 받는 수험생도 없다.

가령 서울의 유수 사립대에 정원 외로 30~40명 정도 학생을 더 수용하면 학과 배정을 어떻게 하느냐에 따라 해마다 수백억 원 이상, 최대 1,000억 원대의 특별 교비를 마련할 수 있다. 이 돈에 대해서는 엄격한 사용 제한, 회계 처리 공개를 원칙으로 하여 사용하게 하면 된다.

이 교비의 60퍼센트는 재학생 장학금, 20퍼센트는 실험 실습 장비 보강 등 강의 연구 비용, 20퍼센트는 인건비 이런 식으로 제한해서 쓰게 하는 것이다. 그렇게 300억 원을 일반 재학생 장학금으로 쓴다면, 연간 1,000만 원씩 3,000명이 혜택을 받을 수 있다. 동결된 교직원 임금도 올려줄 수 있다. 입학 기여금은 다른 지출로 전용을 금지하는 것도 방법이다.

기여입학제를 시행하는 대학에는 모든 정부 지원을 끊는 것도 좋은 보완책이다. 입학 기여금으로 대학 재정에 숨통을 틔우려 하든, 지금처럼 정부 보조금에 기대든 대학 스스로 선택하게 한다. 지원 학생의 자격을 최소한으로 정해 기여만으로 가능한 입학을 막아도 된다. 가령 기부금으로 학생을 수용해도 수능 최저 등급, 내신 최저 등급 등 일정 기준선 안에서 한다면 대학 면학 분위기도 지킬 수 있다. 미국 등지에서는 이미 오래된 방식이다. 예전에 한국에서 음성적으로 '뒷거래(뒷문 입학)'로 이뤄진 일을 투명하고 당당하게 양성화하자는 것이다.

【 반대 】
3불 정책은 한국 교육 정책의 오랜 근본
'계층 이동 사다리' 대입, 공정이 중요

한국에는 오래된 금기가 있는데, 교육 분야에도 마찬가지다. 이른바 3불 정책이다. 바로 대학 입학 시험에서 본고사 금지, 내신 성적 반영에서 고교 등급을 통한 서열화 금지, 기여입학 금지다. 기여입학 금지는 학생의 능력이 아닌 부모의 능력, 특히 경제력을 입시에 반영해서는 안 된다는 원칙이다. 이는 좌파 혹은 우파, 진보 혹은 보수를 지향하는 특정 정부에서만 지켜온 게 아니다. 수십 년 된 전통이다. 과외 수업 등 사교육에서 벗어나려는 노력과 함께 형성된 주요한 교육 원칙이다. 이를 통해 사교육 비중을 줄이고 학교를 중심으로 하는 공교육 정상화를 이루겠다는 국가적 의지가 담겨 있다.

왜 이런 원칙이 수립됐고, 왜 정책으로 지켜져왔나. 한국에서 교육의 비중이 그만큼 크기 때문이다. 한국만큼 개인의 성취 의지가 높고, 당대에 성공에 이르는 계층 이동의 사회적 사다리가 마련된 나라도 드물다. 교육을 잘 받고 노력하면 누구나 원하는 대로 일할 수 있는 기회가 열려 있다. 그만큼 대학 진학의 문은 공평하고 대등하게 열려 있어야 한다. 대다수 국민이 그렇게 믿고 입시에 응한다. 수시로 변하는 정부의 교육 및 입시 정책에 불만도 많지만, 입시에서 공정성과 형평성의 큰 원칙이 지켜진다는 기본적 믿음이 있다. 3불 정책, 특히 기여입학제 같은 제도를 용인하지 않는 것이 이런 믿음에 크게 기여해 왔다.

한국은 안 그래도 경제적 양극화 등 격차 심화가 사회 발전을 가로막는 장애물로 지적되고 있다. 다양한 복지 정책, 누진세, 국가 차원의 장학금과 공교육 강화 노력이 있지만 사회적 격차는 쉽게 극복되지 않는 게 현실이다. 물론 한국만의 고민은 아니다. 커지는 격차를 적극적으로 해소해가야 할 판에 부모 능력에 따라 대학 진학까지 달라진다면 소외된 청년들의 좌절감은 어떻게 하나. 사회 통합에도 걸림돌이 될 수 있다.

【 생각하기 】
'형평'과 '효율'이 부딪칠 때 선택은?
과거 과외 금지 때 파장 참고할 필요

'형평의 문제'와 '효율의 문제'가 부딪칠 때 어떤 선택이 현명한가? 입시는 공명정대해야 한다. 맞는 말이다. 한편 예산 부족으로 교수도 제대로 확보하지 못하는 한국 대학에 장학금을, 그것도 매년 1,000만 원씩 수천 명에게 주고, 교수 연구비도 더 줄 수 있다면 이것도 많은 이의 관심을 끌 것이다.

두 가지 좋은 점을 선택적으로 취할 수는 없을까. '정원 외', '최소한의 학업 성취도를 조건으로', '특별회계로 투명·공개 원칙에 따라' 적용하면 어떨까.

과거 1980년대 과외 금지 때 지지 여론이 높았다. 하지만 명문 대생들의 학비 벌기는 끊겼고, 비밀과외로 과외비만 높아진 전례가 있다. 물가가 올라도 등록금은 억지로 동결시킨 채 대학들이 정부 지원만 바라보도록 궁지로 몰아넣은 후과를 볼 필요가 있다. 일거에 3불 정책을 다 풀자는 게 아니라면 기여입학제의 조건, 대학의 자율성 강화에 대해 차분히 토론을 시작해보는 것도 나쁘지 않다.

건강기능식품의 당근마켓 거래, 허용해도 될까?

각종 비타민과 홍삼 제품 같은 건강기능식품의 개인 간 거래 허용 문제로 말이 많다. 당근마켓처럼 생활용품을 쉽게 사고팔 수 있는 플랫폼이 잘 구비된 요인도 있다. 흥미로운 것은 정부가 '중고 물품 거래 활성화'를 위한 규제 완화 차원에서 매매의 걸림돌을 제거하려고 하는데, 이를 민간에서 반대하고 나선다는 점이다. 외형적 이유는 국민 건강이 위협받을 수 있고, 기능성 식품과 관련된 안전성이 훼손될 수 있다는 것이다. 하지만 속내로는 재판매로 인한 해당 업계의 매출 감소를 우려하는 분위기가 역력하다. 일반 소비자는 구매권, 선택권 확대 차원에서 정부의 규제 완화를 환영하고 있다. 어떤 분야에서나 다양한 선택권은 소비자의 이용후생을 증대시킨다. 건강기능식품류의 중고 거래에 대한 제한 풀기를 어떻게 볼 것인가.

【 찬성 】

공산품·농림수산식품 모두 자율 거래
소비자 '선택권 확대'가 바람직

건강기능식품이 주로 전문 매장이나 약국에서 판매되는 것은 사실이다. 대표적으로 각종 비타민이 그렇고, 홍삼 제품도 전문 매장을 통해 판매된다. 하지만 전문 매장을 통한다고 해서 구매자의 자격이나 구매 방식에 특정한 제한이 있는 것도 아니다. 수많은 공산품과 온갖 농산품 거래 과정과 다를 바 없다. 건강기능식품이라는 이유로 구매나 판매에 유별난 규제를 가한다면 공산품인 햇반·햄·간장 등과 농림수산식품도 모두 복잡한 판매 규제가 필요할 것이다.

비타민을 비롯한 건강기능식품의 제조 안전성을 식품의약품안전처가 엄격하게 관리하는 것과 거래는 전혀 다른 차원의 문제다. 제조와 포장 과정, 집합적 물류센터에서의 규정 내 관리는 상식적이다. 이러한 이유로 개인 사이의 재판매를 규제한다는 것은 이치에 맞지 않다. 더구나 이런 제품은 방송·통신 판매가 다양하게 이뤄지고, 인터넷 판매도 늘어나고 있다. 그렇다면 당근마켓 등으로 생활 속에서 필요한 사람끼리의 자율 매매를 막을 이유가 없다. 배송 기간이 길어지는 통신·인터넷 판매와 달리 당근마켓 판매는 오히려 더 빠르고 정확하게 거래된다.

유해 상품 거래를 우려하는 것도 사리에 맞지 않다. 유해 상품이 있다면 기존의 통신 판매에서는 거래되지 않는다는 보장이 있나. 그런 상품은 그 자체로 단속 대상일 뿐, 그런 제품의 존재 가능성 때문에 개인 간 거래를 막을 수는 없다. 유해 상품 여부, 유통 날짜의 유효성은 개별 소비자 스스로가 판단할 문제이고, 현대의 소비자라면 그 정도 기본 역량을 갖추고 있다고 봐야 한다. 관련 단체가 반대하는 이유는 취급 물량과 판매량 감소로 수익이 줄어들 것이라고 판단하기 때문이다. 해당 제조업계의 우려도 같은 맥락이다. 판매량 감소로 인해 전반적으로 가격이 내려가면서 가격 책정의 주도권이 흔들릴 것을 우려하는 것이다. 전형적인 기득권 지키기다.

【 반대 】

제품 관리 부실·국민건강권 침해 우려
불량품 거래·유통 질서 훼손 가능성도

대한약사회의 반대 논리는 '헌법에 명시된 국민건강권을 침해하는 결과'를 초래할 수 있다는 것이다. 비타민을 비롯한 준(準)의약품은 물론이거니와 의미 있는 건강보조식품의 구매와 사용에는 약사를 비롯한 전문가의 도움이 필요하다. 개인이 마구 섭취하도록 내버려둘 수가 없다. 경제적으로 여유가 생기면서 다수의 대중이 건강보조식품을 일상적으로 섭취하고 있지만, 오·남용하면 건강과 직결된다. 홍삼만 해도 과거에는 한방의 주요한 약재였다. 이를 당근마켓 등에서 마구 거래되도록 방치하면 부작용이 생길 수 있다.

약국 등에서는 제조 일자, 유효 일자, 제품 상태를 엄격하게 관리한다. 반면 당근마켓 거래는 가정집에서 오래 방치된 것들이 포함될 공산이 크다. 날짜가 한참 지난 제품이나 적절하지 않은 조건에서 보관된 제품은 인체에 해를 끼칠 수 있다. 이런 위험한 불량품이 터무니없이 싼 가격에 거래되다가 뒤탈이 나면 과연 누가 책임질 것인가. 제조업자가 책임질 수도 없고, 판매자 개인에게 모든 책임을 물을 수도 없다. 중국 등지에서 들어오는 수준 이하의 유해 제품도 제한 없이 마구 거래될 수 있다. 위험한 거래는 원천적으로 막는 게 답이다.

건전한 유통 질서가 무너질 수 있다는 점도 고려해야 한다. 제조업체는 이윤과 유통 비용을 포함해 적정 가격을 책정한다. 하지만 집 안에 쌓여 있던 제품이 기형적으로 싼 가격에 거래될 경우 제조 및 판매 가격은 무의미해질 정도로 도전받게 된다. 결국 관련 업체의 경영상 어려움으로 이어지면서 업계는 고사할 것이다. 중장기적으로 소비자 이익은 침해받을 수밖에 없다. 건강 관련 식품에 대한 정부의 감독이 단순히 제조 과정에만 국한돼선 안 된다. 유통 과정도 정부 책임이다. 오히려 해외 직구 등으로 쉽게 들어오는 외국산 해당 제품의 유통까지 더 엄격하게 관리할 필요가 있다. 또 당근마켓의 재판매를 허용한다면 블로그나 소셜 미디어 등을 통한 어떠한 재판매도 저지할 명분이 없어진다.

[생각하기]

연 6조 원대로 커진 시장
건강기능식품 범위 재조정, 시장 키우기도 모색해야

국무총리 국무조정실 산하 규제심판부에서 생활 규제 완화 차원에서 풀려는 문제에 약사 단체와 해당 업계에서 반대하는 모양새다. 2020년 5조 원을 조금 넘은 규모에서 2022년에는 6조 1,429억 원(건강기능식품협회 추정치)에 달할 정도로 한국의 건강기능식품 시장이 커지며 비롯된 논란이다. 유해 상품의 유통, 비공인 제품의 유입 같은 안전성과 건강권 우려가 제기되는 것이 사실이지만, 먹지도 않는 홍삼류를 잔뜩 쌓아두었다가 결국 버리는 것도 문제다. 물론 개인 간 재판매 허용 여부가 해당 산업계의 성장에 찬물을 끼얹을 수 있다는 파급효과는 감안해야 한다. 기존 가격 체계에 혼란도 예상된다.

　포장의 훼손 여부 관리, 재판매 횟수 제한 등 재판매는 허용하되 문제가 발생할 수 있는 부분을 관리하는 조건을 추가하는 절충안을 찾으면 어떨까. 온라인 투표 같은 방식은 도움이 되기 어려울 것이다. 이참에 건강기능식품에 대한 범위, 해외 직구도 가능한 기능성 식품을 굳이 약국에서만 팔도록 제한하는 규정 등을 다시 살펴볼 필요가 있다.

'묻지 마 범죄' 막기 위해
의무경찰 재도입, 문제점은 없나?

2023년 8월, 정부가 오래전에 폐지된 의무경찰(의경) 부활 방침을 꺼내들면서 논란이 일었다. '묻지 마 강력 범죄'에 대응하기 위해 경찰력을 보강할 필요가 있다는 판단에서다. 대낮의 도심에서 무차별하게 휘두르는 흉기, 다중 인파가 몰리는 곳에서 불특정 다수를 겨냥하는 범죄는 예방이 쉽지 않은 현대 사회의 병리적 현상이다. 경계·순찰 등의 업무를 위해 경찰 인력이 더 필요하다는 지적에는 일리가 있다. 하지만 군 복무를 대신하는 의경을 뽑으면 군 입대 인력이 그만큼 줄어든다. 일각에서는 여성에게도 군 입대의 문을 열어야 한다는 주장이 나오고, 아예 모병제·용병제로 직업군인제를 전면 시행해야 한다는 주장도 나온다. 그만큼 청년 인적 자원이 부족하다. '치안 보강'과 '국방 만전'이 부딪치는 모양새가 됐다. 흉악 범죄에 대응하는 차원에서의 의경 부활, 문제점은 없을까?

강력 범죄 급증·치안 수요 증가로 경찰력 부족
양질의 치안도 국방만큼 중요

무고한 시민을 대상으로 한 이상동기 범죄(묻지 마 범죄)가 곳곳에서 발생했다. 이는 대한민국 사회의 상식과 기본 질서를 깨뜨리는 중대한 범죄였고, 다수 국민의 불안이 고조됐다. 정부에서도 가볍게 볼 수 없는 사회적 문제점이 노정된 것이다. 정부로서는 가용 수단과 재원을 최대한 사용하고, 동원 가능한 모든 제도로 이를 예방하면서 대응해나가야 한다.

기존 경찰 인력과 조직을 총동원할 필요가 있다. 과학수사도 강화해야 한다. 치안상 필요한 곳에 CCTV를 더 설치하고 경찰관서와 연결되는 비상벨이나 보안 전등을 확충하는 일도 중요하다. 하지만 이런 기반시설을 갖춰나가는 데는 막대한 예산이 필요하다. 하루아침에 사각지대 없이 갖춰나가기도 어렵다. 순찰 및 즉시 대응이 가능한 경찰을 더 배치하는 것이 가장 효과적인데, 기존 인력으로는 한계가 있다. 의경을 직접 강력 범죄 현장에 보내거나 대응 전담반에 바로 투입하자는 얘기가 아니다. 의경이 예방 차원의 순찰 업무를 보조하고, 교통과 일반 보안 업무를 맡아주면 이쪽에 배치된 정규(직업) 경찰관을 흉악 범죄 대응 업무에 보내 활용할 수 있다. 경찰서와 지구대 등 일선 경찰관서에서 행정 보조만 하더라도 1인 역할은 해내는 것이다. 간부는 많고 현장 치안 인력은 부족한 경찰에 24시간 상주하는 의경은 크게 도움이 된다.

1982년 12월 처음 도입한 의경 제도는 이미 시행해본 경험도 있다. 경찰청은 신속 대응팀에 3,500명, 주로 대도시 거점에 4,000명의 인력만 배치해도 치안 강화에 많은 도움이 될 것으로 보고 인력 활용 계획까지 마련해놓았다.

안전한 치안, 양질의 경찰 서비스도 국방만큼이나 중요한 국가적 가치다. 의경도 현역 군인만큼 국가에 기여하면서 그에 따른 긍지도 느낄 수 있을 것이다. 대도시 등의 근무 특성상 지원자도 충분할 것으로 여겨진다. 의경 근무자에게 경찰관 채용 시험 지원 시 가산점을 준다면 좋은 경찰 요원을 미리 확보해두는 효과까지 기대할 수 있다.

【 반대 】
저출산에 청년 감소, 병역 인구 부족
군 복무자 경찰 동원 '반인권·강제 노역' 비판도

무엇보다 병역 자원 감소가 큰 문제다. 세계 최악의 저출산으로 청년 인구가 해마다 크게 줄고 있다. 국군을 유지하려면 적령기

남자를 전부 군으로 불러들여야 할 지경이다. 그런데 의경으로 그만큼 청년 인적 자원을 돌린다면 바로 국방력을 유지하는 데 차질이 생길 수밖에 없다. 줄어드는 청년 인구 때문에 국방부는 최근 '상비 병력 50만 명'이라는 목표 수치를 삭제했을 정도다. 국방부에서 크게 우려하는 이유도 여기에 있다.

'국방의 의무'를 수행해야 할 청년을 경찰 보조자로 돌려쓰는 일에는 다른 차원의 문제점도 존재한다. 2007년 노무현 정부, 2011년 이명박 정부가 의무경찰과 전투경찰 폐지 방침을 정하고 단계적으로 인원을 줄여온 데는 인권 문제도 있었다. 이들의 열악한 근무 환경, 만성화된 구타와 욕설 등의 인권 침해가 사회 문제로 발전하면서 국가인권위원회가 폐지 권고안을 낸 것이다.

군 복무 대상자를 의경으로 소집해 치안에 활용하는 것은 병역 의무라는 본연의 일 외의 다른 일을 시키는 것인 만큼 일종의 강제 노역이라는 논란도 있었다. 국제노동기구(ILO)가 제한한 강제 노역에 포함된다는 얘기인데, 이런 국제적 논쟁거리에 우리가 괜히 휘말릴 필요가 없다.

치안 문제, 즉 경찰의 과제는 경찰 스스로 해결해야 한다. 역대 정부가 여러 문제점 때문에 폐지한 의경 제도를 이제 와서 재도입하면 경찰 내부의 구조적 문제점은 풀리지 않을 것이다. 도시 근무와 외출 허용 등을 내세우면서 저렴한 인건비로 군 입대자를 모집해 치안에 쓰려는 행위는 기존 경찰의 편의주의다. 경찰에 간

부는 많고 현장 투입 인력이 부족하다면 스스로 조직을 개혁해야
한다.

이전에 의무경찰이나 전투경찰 요원이 일선 경찰관들의 억압
적 지휘에 휘둘리던 것도 간과해선 안 된다. '강제적 복무 기간'이
라는 점 때문에 의경은 사표 제출도 불가능하다. 수사력 보강이나
과학적 예방 시스템이 필요하다면 경찰 스스로 예산과 인력 문제
를 풀어야 한다. 치안에 국방이 희생돼선 안 된다.

【 생각하기 】

CCTV 등 예방 시스템, 인력 재배치, 경찰 개혁 시급
흉악범엔 중벌 필요

잇단 흉악 범죄에 시민들은 놀랐고, 정부는 비상이 걸렸다. 좋은
치안 서비스를 유지하는 일은 정부의 기본 업무 중에서도 기본이
다. 물론 묻지 마 범죄는 대책을 마련하기가 쉽지 않다. 예방은 어
렵고, 신속 대응도 말처럼 쉽지 않다. 그렇다 보니 순찰 요원이나
행정 보조 요원이라도 더 두고 싶은 게 경찰의 바람이다. 국방부
와 군을 제외한 관련 부처 대부분이 그럴 것이다. 그렇기에 국무
총리가 직접 나서 담화를 낸 것이다. 하지만 국방력 지장 등 제반
문제가 드러나자 대통령실에서 바로 제동을 걸었다. 예방에 주력

하자면 안전 시스템을 위한 투자에 나서야 한다. CCTV, 비상벨, 안전등 설치에도 적지 않은 예산이 필요할 것이다. 신속 대응과 과학수사를 위해서는 인력과 예산 투자가 필수다. 이래저래 돈이 든다. 경찰의 인력 재배치와 업무 혁신도 절실한 상황이다. 이런 범죄에 대한 가중 처벌 등 중벌도 필요할 것이다.

내수 진작 위한 임시 공휴일 확대, 효과 있나?

2023년 추석 연휴는 총 6일이었다. 정부가 휴일 사이에 끼인 10월 2일 월요일을 임시 공휴일로 지정했기 때문이다. 이런 조치는 국무회의 의결을 거쳐 확정된다. 명분은 내수 진작과 국민 휴식권 확대다. 휴일이 늘어나면 많은 직장인이 좋아한다. 정부가 정하는 공휴일은 유급 휴일, 일하지 않아도 급여는 그대로다. 반면 기업 경영 입장이나 직원을 쓰는 사업주 처지에선 달갑지 않을 수 있다. 정부가 임금을 주는 것도 아니면서 생색만 내는 셈이니 말이다. 나흘인 추석 연휴를 엿새로 늘려도, 내수 진작은커녕 해외 여행객만 늘어날 것이라는 우려도 만만찮았다. 가뜩이나 공휴일이 많은데, 생산성은 높이지 않은 채 노는 것만 장려한다는 산업계 지적에는 선거용 포퓰리즘 경계 심리도 있었다. 기업 부담을 감수하는 임시 공휴일 지정, 어떻게 볼 것인가.

【 찬성 】

소비 활성화·국민 휴식권 확대에 도움
쿠폰 배포·신용카드 유인책도 더해야

바닥으로 떨어진 나라 경제가 무척 좋지 않다. 비상경제민생회의를 잇달아 열고 대통령도 자주 이 회의를 주재할 정도로 정부가 다각도로 경기 활성화를 모색해나가지만, 이렇다 할 효과가 나지 않는 상황이다. 경제 전문가들과 언론은 어떤 식으로든 당장 내수 확대와 수출 증대를 도모하라고 촉구한다. 수출은 갈등 많은 국제 정치·경제 여건과 바로 연계돼 있기 때문에 우리 의지만으로 단시일 내 확대가 어렵다. 결국 상대적으로 돌파구를 찾기 쉬운 내수 활성화에 적극적으로 나설 수밖에 없다.

내수, 즉 '국내에서의 수요'는 소비와 투자의 총합이다. 투자 확대는 규제 혁파 등을 통해 그것대로 가되, 정부와 민간 양쪽에 걸친 소비를 확대해나갈 필요가 있다. 그러자면 돈을 쓸 수 있는 여건을 만들어야 한다. 전통적으로 근무일보다 쉬는 날 소비가 더 는다. 임시 휴일을 만들어서라도 국내 관광을 부추기고 외식도 유도해야 한다. 관련 산업 매출 증대로 종사자들 주머니를 든든하게 해주자는 취지다. 휴일을 늘려놓으면 음식·교통·숙박업 중심의 자영업자 장사가 잘될 것이다. 추석 연휴는 대부분 9월 말~10월 초에 걸쳐 있어 마침 계절도 좋다. 추석 연휴가 길어질 때마다 더 많은 사람이 평소에 만나기 힘들었던 친지를 방문하고 가족 단위 나들이도 할 것이다. 임시 공휴일 지정에 따른 생산 유발 효과가 4조 2,000억 원에 달한다는 연구 결과도 있다(2020년 기준, 현대경제연구원).

정부는 임시 공휴일 지정 정도로 끝내선 안 된다. 예산을 동원해서라도 숙박 쿠폰을 배포하고, 신용카드 사용에 대한 세금 혜택 등도 함께 추진해야 한다. 그래야 공휴일을 정한 취지가 살아난다. 아울러 관광지의 고질적인 바가지요금 단속에도 나서야 한다. 고물가로 국내에서조차 외면받는 제주도가 좋은 사례다. 음식 값을 비롯해 모든 물가가 너무 비싸기 때문에 제주행 발길이 줄어들고 있다. 논란 속에 임시 공휴일을 제정한 취지가 살아나려면 관광지의 서비스 수준을 확 끌어올리고 가격 거품을 빼는 것도 중요하다.

【 반대 】
더 쉰다고 내수 효과 발생할지 의문
생산성 낮은 상황에서 기업 부담만 가중

연휴의 중간에 낀 하루를 더 놀아 엿새 연휴로 놀자는 데 반대할 사람은 많지 않다. 이런 것은 여론조사의 대상이 될 수 없다. 문제는 임시 공휴일로 지정하면 임금은 그대로인 채 더 놀게 된다는 것이다.

그러면 그 비용은 누가 부담하나. 생색은 정부가 내고 비용은 기업과 크고 작은 고용주에게 돌아간다. 설·추석 명절과 어린이날 등 법정공휴일이 일요일과 겹칠 때 하루 더 쉬도록 한 대체공휴일도 마찬가지다. 비용은 모두 기업이 부담한다. 그런 판에 또 임시 공휴일을 늘렸다.

이런 일이 반복되면 근로 의욕이 떨어질 수밖에 없다. 한국은 아직 일하기 싫어도 더 해야 한다. 그래야 경제 발전이 가능하다. '툭하면 놀자' 풍토로는 풍요로운 미래가 오기 어렵다. 중요한 것은 생산성이다. 한국의 생산성은 노동과 산업 전반에 걸쳐 아직 부족하다. 고부가 가치 제품을 생산하려면 더 일하고, 더 연구하고, 더 공부해야 한다. 국제적으로 비교해봐도 한국의 생산성은 아직 선진국에 비해 떨어진다.

근로 현장만의 문제도 아니다. 임시 공휴일이 되면 학교도 쉬고, 자연히 학생도 공부를 덜 하게 된다. 여름방학이 끝난 뒤 선선한 가을철, 학습에 몰두할 만한 시기에 면학 분위기가 흐트러지는 것이다. 여름방학, 겨울방학 모두 긴 데 가을 중간에 엿새씩 또 놀면 공부는 언제 하나.

내수 진작을 위해서라지만 과연 소비를 증대시키는 효과가 실제로 있는지 검증도 필요하다. 한국경영자총협회 분석에 따르면, 법정 공휴일이 일요일과 겹칠 때 주중 하루를 휴일로 지정하는 대체 공휴일 도입으로 28조 원의 생산 감소와 4조 3,000억 원의 인건비 추가 부담 등 32조 원 이상의 경제적 손실이 발생한다(2013년 기준). 더구나 6일간의 장기 휴일로 해외 여행만 늘어날 공산이 크다. 일본·태국·베트남 등 인기 지역 항공권은 이미 매진됐다. 내수 증진은커녕 계획이 없던 사람들까지 나라 밖으로 나가도록 정부가 해외 여행을 부채질하는 꼴이다. 여행수지 적자만 늘리는 결과가 될 수 있다.

【 생각하기 】

학교·병원·약국도 영향
근본적 서비스 산업 활성화 모색해야

임시 공휴일 지정이 기업에 미치는 영향은 하루 일을 덜 하는 정도로 끝나지 않는다. 학교·학생들과도 연결되고, 관공서 민원실·어린이집 운영 여부와 함께 병원 영업에도 영향을 미친다. 병원·약국까지 엿새간 놀면 의료 공백이 생길 수 있어 응급실 가동 같은 대책도 필요하다. 사회 시스템은 이렇게 물고 물려 돌아간다. 대통령까지 나서 국내 관광 활성화 등 내수 진작을 외치는 판이니 내수도 중요하다. 하지만 실제 내수 확대로 이어지는 게 중요하다. 2023년 상반기에만 여행수지 적자는 58억 달러에 달한다. 고물가·불친절·이국 정서 등의 이유로 안 그래도 앞다퉈 해외로 나가는 판이다. 국내로 들어오는 돈보다 나라 밖으로 나가는 돈이 더 많은 경상수지 적자도 경계해야 한다. 국내 여행의 활성화 등 서비스 산업 전반을 업그레이드하자면 '서비스산업발전기본법' 부터 전향적으로 심의할 필요가 있다. 이 법이 국회에서 계류된 지가 벌써 12년이다.

'청년 급감' 지자체가 서울에 기숙사 제공, 어떻게 봐야 할까?

윤석열 정부도 과거 정부처럼 지역균형발전종합계획을 발표했다. 인구 감소가 현저해지면서 '소멸 위기' 경고가 반복되는 지방을 살리자는 정부 차원의 청사진에는 다양한 내용이 들어 있었다. 핵심은 기업 유치, 인구 감소 저지로 경제 살리기다. 지방 소멸 위기의 핵심은 인구 감소, 특히 청년층 급감이다. 줄어드는 인구의 대부분이 수도권으로 향하는 '사회적 이동' 때문이다. 대학 진학을 필두로 졸업생들까지 몰려들면서 수도권은 과밀화가 심각한 문제다. 학생·청년들이 진학과 취업을 위해 서울로 몰리는 것은 한국적 현실에서 어느 정도 불가피한 측면도 있다. 문제는 지방자치단체들이 서울에 학사·학숙이라는 관급 기숙사까지 지어주며 청년들의 탈지역을 부채질한다는 점이다. 인구가 없다면서 기숙사를 제공해 지방 이탈을 부채질하는 행정을 어떻게 봐야 하나.

지역 학생 상경 진학은 오랜 전통
'주거 전쟁' 학생에게 기숙사는 현실적 지원책

전국 각 지역 학생들이 진학을 위해 서울로 몰리는 것은 어제오늘의 일이 아니다. 대규모 상경은 진학 자체가 일종의 특혜였던 개발연대 때부터 비롯된 전통이다. 학생들이 선호하는 우수한 대학이 집중돼 있는 데다 졸업 후 취업할 만한 대기업과 주요 기관들이 서울에 많이 있기 때문이다. 공기업들이 대거 지방으로 분산되고 각 지역에 혁신도시를 만들어도 한계가 있다. 이런 실상에서 기왕 지방 학생이 학업차 서울로 간다면 주거비 지원이라도 해주는 게 현실적인 지역 주민 지원책이다.

서울에서 학생들의 주거비 부담은 심각하다. 대학생의 경우 '주거 전쟁'을 벌인다고 볼 만하다. 기숙사를 운영하는 대학이 적지 않지만 몰려드는 학생 수요에 맞추기는 어렵다. 기숙사가 제한적이다 보니 신입생 정도만, 그것도 일정 수준의 경쟁을 거쳐 혜택을 받을 수 있다. 기숙사 경쟁이 입시 못지않다. 들어가기도 어렵지만 기숙사 비용도 만만찮다. 이래저래 학생들에겐 부담이다. 그래서 도, 시·군 등 지방자치단체가 예산에서 학사·학숙이라는 향토 기숙사를 운영해 일부라도 출신 지역의 학생들을 지원하고 있다.

이러한 기숙사는 저렴한 가격에 주거 환경도 쾌적하다. 대학가의 일반 원룸은 생활시설의 구비 정도에 따라 월 100만 원씩 월세가 들어가기도 한다. 이에 비해 지자체 지원의 재경 기숙사는 식사 제공 외에 공동세탁실, 스터디 카페, 체력 단련실까지 제공하는 경우가 있다. 반면 입주 학생의 부담은 월등히 적다. 비용 경감 외에 동향의 친구, 선후배들이 함께 생활하면서 친교를 하고 다양한 커뮤니티까지 형성하니 여러 가지로 장점이 많다. 학생들 본인은 물론 고향의 부모, 즉 지역 주민에 대한 지자체의 효과적인 지원책이 된다.

재경 기숙사가 있다 해도 지역 학생들이 원하는 대로 모두 수용되는 것이 아니다. 실제로는 아주 적은 학생들만 누리는 혜택이다. 대학이 기숙사를 더 많이 지어야 한다. 가급적 실비로 운영하는 것도 중요하다. 정부 산하의 한국장학재단이 이런 사업에 관심을 더 가질 필요가 있다.

【 반대 】

청년 한 명이 아쉬운데 이탈 부채질
우수 학생 지역 정착 유도해야

○○학사·○○학숙이라는 지자체 운영 기숙사가 서울에 28곳이

나 있다. 학생들에게 편의를 제공하고 경제적 부담을 줄여주자는 차원이지만 지자체 부담이 적지 않을 것이다. 그러면서 입만 열면 "지방이 다 죽는다"며 위기감을 드러낸다. 행정안전부가 지방 소멸 위기 지자체라고 판단한 '인구 감소 지역' 시·군이 89개에 달한다. 저출산 자체가 국가적 재앙이지만, 지방에서는 인구를 수도권으로 빼앗기는 사회적 이동 때문에 위기감이 더 심각하다. 핵심은 청년 인구 급감이다.

그런데 지자체가 청년 인구 지키기에 나서기는커녕, 왜 서울로 가도록 기숙사까지 지어주며 빈약한 재정을 축낸단 말인가. 경상남도가 운영하는 남명학사의 경우 서울 강남구에 있다. 군위, 영양, 영덕, 청송, 포항, 구례, 제천 등 서울에 향토 기숙사를 운영하는 곳이 대부분 인구 감소를 걱정하는 지자체이다. 포천, 포항, 강화, 전주 등도 사정은 크게 다르지 않다. 그 예산으로 지역 대학으로 진학하는 학생 중 성적 우수자에게 장학금을 주는 게 지역 발전에 훨씬 도움이 될 것이다. 서울의 기숙사에서 지내며 적은 부담으로 공부한 우수한 지역 학생이 졸업한다고 해도 결국 어떻게 되나. 해외 유학을 가거나 서울의 유수 로펌·수도권 기업 등에 취업하는 경우가 많을 텐데, 기숙사를 제공하고 장학금까지 주는 게 지역 발전에 어떤 도움이 될까.

제2의 도시 부산에서도 매년 적지 않은 청년 학생을 수도권에 빼앗긴다. 성적 최우수 학생들이 관내 대학에 진학할 경우 등록금

외에 월급처럼 200~300만 원을 줘서라도 지역 내에 붙잡아야 한다. 연간 3,000만 원을 1,000명에게 지원해도 연간 300억 원이니, 부산시 예산(2023년 15조 2,480억 원)의 0.2퍼센트다. 재정 규모가 작은 다른 지자체도 이런 식으로 지역의 우수한 공학도 등 청년 인재를 그 지역에서 붙잡아야 한다. '출향 인사들의 입신양명은 지역의 긍지·보람이 아닌가'라는 식의 전근대적 사고에서 벗어나는 게 중요하다.

【 생각하기 】

서울 학사는 구식 행정 단면
지역 의지 없으면 균형 발전 정책도 헛일

지자체가 운영하는 서울의 향토 기숙사는 하나의 단면일 뿐이다. '인구 소멸-지역경제 침체-지방 소멸 위기'의 악순환에서 벗어나려면 무조건 일정 인구를 유지해야 한다. 심각한 저출산에 급속한 고령화까지 겹치는 판에 많지도 않은 젊은 인구를 수도권으로 빼앗기고, 심지어 스스로 밀어내는 행정으로 지방의 미래는 밝지 않다.

우수 인력은 한 명이라도 지키는 행정이어야 한다. 그래야 지역이 살아난다. 막말로 '잘난 놈, 공부라도 잘하는 학생은 다 서울로 가버린다'는 열패감에서 벗어나야 지방이 살아남든 발전하든 할 것이다. 정부가 기회발전특구를 비롯해 교육자유·도심융합·문화 등 4대 특구를 만들어 새로운 '지방 시대'를 만들기로 했지만, 보다 중요한 것은 지역 스스로의 의지와 역량이다. 특히 지자체의 자활 의지가 관건이다. 각종 조례를 만드는 지방의회도 가급적 규제형 조례는 없애나가야 한다.

적자 공항이 많은데 추가로
신공항을 건설하는 게 타당한가?

2024년 제22대 국회의원 총선거를 앞두고 신공항 건설 사업이 대거 부상하고 있다. 한국에서 공항 붐이라도 일어난 것 같다. 새로 짓겠다는 공항만 전국적으로 10개에 달한다. 국내 15개 공항 가운데 10개가 만성 적자에 허덕이는 가운데 이런저런 이유로, 여기저기에서 공항을 세우겠다는 것이다. 10개에는 부산의 신관문이라는 가덕도신공항부터 울릉·백령 공항까지 포함된다. 비수도권 개발 등 균형 정책 차원에서 각각의 공항이 필요하다는 주장도 있다. 무리하다 싶을 정도로 국가 차원에서 지방에 과감하게 투자해야 국토 균형 발전이 가능하다는 논리다. 문제는 막대한 자금이다. 공항 특성상 전액 국비로 지원하기에 지방자치단체에선 돈도 내지 않는다. 공항이 대표적 사회간접자본(SOC)이라지만 10개씩이나 더 짓는 것이 과연 타당할까.

대표적 SOC인 공항, 국가가 세워야
지역 균형 발전 차원에서 필요성 있어

공항은 한 나라의 대표적 SOC다. 이런 초대형 SOC 시설을 세우는 데는 비용이 들어가기 마련이다. 민간자본이 쉽게 투입되기도 어렵다. 도로·교량·철도처럼 민간자본을 유치하는 일이 쉽지 않은 시설이다. 손익계산도 용이하지 않거니와 단기적 관점에서의 투입 비용 대비 수익 효과를 생각하면 세울 수 없는 게 공항이다. 국가 재정에서 일정 규모 이상의 돈이 나갈 때 예비타당성조사라는 경제성 분석 제도를 적용하고 있지만, 이것으로도 공항의 신설 목표와 효용 가치를 측정하기 어렵다. 오직 국가만이 제대로 투자할 수 있는 시설이라는 점을 역설적으로 보여준다.

　반면 공항은 한 번 건설하면 경제적 파급효과가 큰 시설이다. 섬이나 외딴 지역에서 공간을 바로 뛰어넘게 해주는 게 항공 교통이다. 더구나 국민소득이 늘어나고 경제가 고도화될수록 항공 이용은 급증할 것이다. 미국을 비롯한 선진국들의 경제 발전 과정을 봐도 잘 알 수 있다. 탑승객의 이동만이 아니라 고급 화물 수송에도 항공은 요긴하다. 한국의 안보 특성상 여러 곳의 공항은 유사시 국방용으로도 적극적으로 활용할 수 있다.

　2023년 말 현재 10개라는 '합계 숫자'만 볼 것이 아니라 추진 중인 공항을 하나하나 떼어놓고 판단할 필요가 있다. 가덕도신공항과 대구경북통합신공항은 국가 정책으로 먼저 건설 결정이 났다. 제주 제2공항 건설은 포화 상태인 기존 제주공항의 혼잡도를 해소하기 위해 불가피한 조치다. 새만금의 간척지 활용과 전북 지역 활성화 차원에서 여기에도 공항 건설의 필요성이 있다. 포천과 경기권 국제공항도 수도권 내 균형 발전과 혼잡 분산용으로 지자체가 추진하는 사업이다. 서산공항은 공항시설이 없는 충청권 개발용이다. 울릉·흑산·백령공항은 관광 자원 개발과 현지 주민들의 외부 접근권 강화 차원에서 필요하다. 대규모 공적 자금이 들어가지만, 그 자체로 경제적 파급효과가 있는 건설 산업이다.

【 반대 】
만성 적자 '고추 말리는 공항'은 곤란
건설 비용 엄청나고 유지비도 블랙홀

국내 15개 중 10개가 만성 적자라는 사실이 국토가 좁은 한국에서 공항 건설이 안고 있는 문제점을 단적으로 보여준다. 일부 공항은 이미 '부도' 난 상태다. 무안국제공항과 양양국제공항을 가리켜 "고추나 말리는 공항"이라는 개탄이 나온 게 어제오늘 일이 아닌데도 더 짓겠다는 것은 법적·행정적으로 문제가 있기 때문이다. 국가의 핵심 교통 인프라인 공항에 대해서는 건설부터 운영까지 중앙정부 예산이 사용된다. 지자체로서는 자체 자금이 나가는 것이 아니니 일단 건설해달라고 하는 것이다. 선거철이 되어 국회를 중심으로 이러한 요구에 바로 응하다 보니 이렇게 공항 건설 붐이 일어났다. 한마디로 '브레이크 없는 예산 퍼주기 폭주'다.

들어가는 비용도 천문학적이다. 부산의 가덕도신공항 사업비는 13조 8,000억 원으로 알려졌지만, 바다를 수십 미터 이상 메꾸는 대역사에는 이보다 더 많은 자금이 들 것이라는 게 전문가들의 분석이다. 울릉공항 같은 소형 공항 건설에도 1조 5,000억 원의 재정 자금이 소요된다. 공항은 건설비만 들어가는 것이 아니다. 대표적 부실 공항으로 꼽히는 전북 무안국제공항의 활성화를 위해 정부는 2조 3,000억 원을 들여 이 공항과 연계되는 고속철도 공사를 추진 중이다. 공항시설을 유지하기 위한 일반 비용은 별도다. 경제적 타당성이 없는 공항은 건설 이후에도 적지 않은 시설 유지 및 효율화를 위한 연계 비용이 계속 들어가는 재정의 블랙홀이 된다는 사실을 잊어선 안 된다.

나랏빚은 늘어나고 징수 세금은 줄어든다. 한정된 재정을 최대한 효율적으로 써야 한다. 재정을 지출해야 할 곳은 널렸다. 나라 살림을 집행하는 데는 선후가 있어야 한다. 만년 적자 공항을 만들고도 아무도 책임지지 않는다. 오히려 이런 행정 풍토를 개혁해야 할 때다. 진정 지역 균형 발전을 꾀한다면 막대한 공항 건설 비용으로 좀 더 현실성 있는 체감형 SOC 투자에 나서는 게 합리적 선택이다.

【 생각하기 】
경제성 평가 견제 장치 없어
'정부에 전적 의존' 제도적 맹점도

공항을 건설하려면 넓은 부지가 필요하다. 한정된 평지인 농경지를 전용해야 하거나 산을 깎고 바다를 메꿔야 한다. 비용이 많이 들 수밖에 없다. 이용객 없는 공항을 보면 건설비만 문제가 아니다. 유지 비용에 주목해보면 없는 것보다 못할 수도 있다. 국가 예산에서 짓는다는 규정이 맹점이다 보니 각지에서 서로 건설하겠다고 나선다. 이런 상황에서 앞장서는 국회의원들을 보면 나라의 의원인지 지방의 의원인지 의구심이 생긴다. 국가 예산은 고정적으로 나가는 비용이 많고, 복지 예산처럼 지속적으로 증가하는 항목도 많다. 나랏빚은 늘어나고 경기 불황으로 걷히는 세금은 적다. 정부 재원을 배분하는 데 우선순위를 고민해야 한다. 대체로 공항 건설은 특별법으로 추진하고 예비타당성조사도 건너뛴다.

경제성 평가에서 견제 장치가 없다. 지역 균형 발전은 해결해야 할 국가적 과제이지만 때로는 이 때문에 필요한 절차까지 무시된다는 게 함정이다.

법 내세워 가지 마구 자르는
가로수 관리, 이대로 괜찮을까?

세계 각지의 역사가 오래된 도시에는 대개 멋진 가로수들이 있다. 더울 때는 시원한 그늘을 선사해주고, 가을에는 단풍으로 도시의 멋을 더해준다. 서울 시내에도 약 30만 그루의 가로수가 있어 밀집 도시의 삭막함을 줄이고 통행자와 시민에게 청량감을 안겨준다. 한여름에는 아스팔트 거리나 콘크리트 건물들의 뜨거운 열기를 식혀준다. 하지만 가지치기를 심하게 하는 경우가 적지 않다. 나무를 학대하는 것 아니냐고 할 정도다. 전신주 접촉으로 인한 감전 위험, 태풍·폭우 대비, 꽃가루 날림, 간판을 비롯한 건물 가림 등 이유도 여러 가지다. 하지만 강전지(가지를 과도하게 많이 치는 것 또는 무리한 수형 축소)는 거리 미관을 망치고 가로수를 심는 취지와 맞지 않다는 지적도 적지 않다. 강전지 방식의 가로수 관리, 이대로 괜찮을까?

태풍·폭우 대비, 간판 가림 민원 대응
가지 많이 쳐도 바로 자라 '적극 관리'

잘 가꾼 가로수가 주는 장점과 이점이 적지 않다. 하지만 가로수가 늘 편의와 편리만 제공하는 것은 아니다. 한번 잘못 심은 가로수는 관리하기가 어려울 때도 있고, '부작용'이 생기는 사례도 적지 않다.

가장 큰 문제는 안전에 위험을 초래하는 경우다. 도심 가로수는 대개 잘 자라는 수종을 선택하는데, 키가 커지면 가로(街路)의 전신주에 닿게 된다. 전신주의 고압전선에 나뭇가지가 닿으면 전선이 끊어질 수도 있다. 태풍이나 폭우가 쏟아질 때 무성한 나무가 바람에 흔들리면서 전선을 흔들어 전기 합선이 일어날 수도 있다.

1년에 몇 차례나 반복되는 태풍에 대한 대비도 중요하다. 폭우와 비바람이 몰아치면 덩치 큰 가로수도 버티지 못할 때가 허다하다. 넘어지는 가로수는 지나치는 행인이나 차량을 덮칠 수도 있다. 가로변 건물로 넘어질 수도 있다. 이에 대비한 안전 관리 차원에서 강전지를 하는 것이다.

시민들이나 가로수 주변 주민의 민원도 적지 않다. 대표적 가로수인 양버즘나무(플라타너스)는 봄철에 꽃가루를 많이 날리는데,

이로 인해 알레르기가 유발된다며 고통을 호소하는 이도 적지 않다. 가지를 많이 치면 아무래도 꽃가루가 적게 날린다. 좋지 않은 냄새를 유발하는 가로수도 있다. 은행나무는 가을철 열매가 떨어지면 특유의 과육으로 거리에 얼룩을 남기고 좋지 않은 냄새를 풍긴다. 이런 냄새에 민감한 시민들이 지방자치단체에 계속 관리 민원을 제기한다.

막 자란 가로수가 1·2층 등 저층 상가의 영업에 지장을 준다는 민원도 적지 않다. 간판을 가로막고 장사를 방해한다는 것이다. 나아가 건물의 유리창에까지 가지가 뻗어가는 바람에 벌레가 실내로 들어와 직원과 손님이 놀라는 일도 생긴다. 1층 상가의 불편 때문에 왕성한 가로수를 완전히 베어버릴 수도 없는 만큼 가지를 확실하게 치는 것이 현실적 대안이다. 가지를 쳐도 대부분 가로수가 잘 자라기 때문에 큰 문제는 없다. 몇 년 지나면 대개 수형을 되찾는다.

【 반대 】

청량한 그늘을 주는 가로수는 도시의 품격
공들여 다듬거나 필요시 수종 개선을

대도시일수록 가로수의 이점은 크다. 갈수록 뜨거워지는 여름철,

가로수는 천연 그늘로 보행자에게 시원함을 선사한다. 서울 중구와 마포구 일대에서 현장 조사를 한 결과 가로수 아래 그늘은 주변의 땡볕 아래보다 15.4도나 낮은 것으로 나타났다. 봄에는 새싹과 꽃으로, 가을에는 각종 열매와 단풍, 낙엽으로 삭막한 도시에 멋과 여유를 선사한다.

그런데 지자체는 과도한 강전지로 가로수를 학대하고 있다. 적절한 관리 차원을 넘은 것으로 보인다. 매년 전국의 가로수 1만 6,000여 그루가 고사(枯死)하는데, 그 원인이 과도한 가지치기와 무관하지 않다는 분석이 나와 있다. 나무도 하나의 생명체다. 오죽하면 '닭발 가로수'라는 말이 나오겠나. 기둥만 남기는 식으로 마구 자르니 건강하게 살 수가 없다.

가지를 치더라도 마구 자르는 강전지가 아니라 부드럽게 다듬는 정도의 약전지가 옳다. 나무 전문가들에게 맡겨 나무의 수형을 다듬으며 멋있게 가꾸어나가는 것이 중요하다. 파리·도쿄 등 세계 굴지의 오래된 도시에 가보면 정성 들여 가꾼 가로수가 많아 좋은 관광거리가 된다. 식물 생장에 대한 지식을 바탕으로 가로수를 연구하고 공들여 다듬으며 키워야 한다. 그렇게 도시 자산으로 가꾸어야 도시의 품격도 올라간다. 전기 합선 같은 안전 문제에 대비하더라도 필요한 곳에만 정교한 전지를 해야 하는데, 특정 거리 전체를 난도질해 놓은 것 같은 만행이 드물지 않다. 획일적인 저급 자치행정이다.

꽃가루 알레르기나 악취 유발 수종이라면 체계적인 수종 교체 작업이 필요하다. 임기응변의 즉흥적 가지치기로 마구 관리할 일이 아니다. 가로수의 품종 관리 및 개량 같은 세심한 행정이 절실하다. 정원수 관리도 한번 해본 적 없는 비전문가들이 고층 사다리를 동원해 전기톱을 마구 휘두르는 방식은 곤란하다. 가로수도 제대로 관리 못 하면 후진국의 야만적인 행정 아닌가.

【 생각하기 】

'도시숲법' 가지 25퍼센트 못 자르게 권고
전문가가 가꿔야 할 도시 인프라

현대의 도시에서는 가로수도 무시 못 할 인프라다. 수목에 대한 전문성도, 안목도 없는 사람들이 '대충대충' 잘라버릴 대상이 아니다.

가로수를 심고 가꾸며 관리하는 것은 '도시숲 등의 조성 및 관리에 관한 법률(도시숲법)'에 따라 관할 지자체가 맡고 있다. 환경부와 국립생물자원관은 2023년 3월, 나뭇잎이 달린 가지가 25퍼센트 이상 잘려나가지 않도록 지자체에 권고한 바 있다. 산림청은 가지치기 작업 시 절차를 지키며 신중하게 하라는 내용의 '도시 숲·생활 숲·가로수 조성 관리 기준'을 고시하기도 했다. 모두 가로수를 함부로 다루지 말라는 취지에서 나온 조치다.

　각급 지자체의 지방의회에서 이런 문제를 놓고 즉흥적인 행정과 비숙련 관리를 막고, 좋은 가로수로 가꿔나가는 합리적 기준을 마련하면 좋겠다. 가로수 관리도 주민 편의와 연결되는 행정이다. 방문객에게 도시 이미지를 좌우할 수도 있다. 자치행정의 갈 길이 멀다.

고위험 성범죄자의 거주지 제한, '한국형 제시카법'은 타당한가?

고위험 성폭력 범죄자의 거주지를 제한하는 법 제정이 추진 중이다. 이른바 '한국형 제시카법'이다. 미국의 '제시카법'은 2005년 플로리다 주에서 성범죄자에게 강간·살해당한 피해자 제시카 런스퍼드의 이름을 따서 만들었다. 이 법은 12세 미만 아동을 상대로 성범죄를 저지를 경우 최저 징역 25년에 처하고, 출소 후에도 평생 위치 추적 장치를 부착하게 하고, 학교나 공원에서 일정 거리 안에 거주할 수 없도록 하고 있다. 최악의 범죄자에 대한 사회적 격리형이다. 하지만 수형 생활로 징벌을 받은 자에 대한 이중 처벌인 데다 헌법이 보장하는 거주 이전의 자유를 뺏기 때문에 위헌이라는 지적이 있다. 지정 지역 주민들의 반발 문제도 있다. 그런데도 흉포해지는 성범죄자를 그냥 둘 수 없다는 여론이 높다. 한국형 제시카법을 제정해야 하나.

잔혹 성범죄자 격리·관리 필요
7명 중 1명 재범, 불안 해소해야

아동을 상대로 잔혹한 성폭력을 휘두른 범죄자들은 따로 격리할 필요가 있다. 성범죄자들이 범행을 되풀이한다는 통계도 있다. 또한 이 법은 모든 성 관련 전과범이 아니라 고위험 성폭력자를 대상으로 하는 것이다. 13세 미만 아동에 대한 성범죄로 10년 이상의 징역형을 받았거나 세 차례 이상 성범죄를 저지른 자 등이 대상이다. 이 법안을 준비한 법무부에 따르면 거주 제한 검토가 필요한 성폭력 범죄자는 2022년 말 기준 325명 정도다. 법무부에서 고위험자를 가리고 법원 판정을 받아 제한 대상지를 정하면 인권 침해 논란도 줄어들 수 있다. 미리 법을 제정해야 2025년 말까지 출소하는 187명에 대한 격리 준비를 할 수 있다.

법무부가 이 법안을 마련해 국회로 보낸 이유는 아동 및 청소년 성범죄 피해자의 26퍼센트가 13세 미만이라는 현실 때문이다. 성범죄자의 재범률도 13퍼센트에 달한다. 현재는 성범죄자가 출소한 뒤 임의로 거주지를 택하는 실정이라 국민들의 불안이 커지고 있다. 전자발찌를 끊고 도주하는 경우도 있고, 주거지가 일정하지 않아 재발 방지를 위한 치안 서비스의 사각지대도 커지고 있다. 경찰이 신고를 받고 출동했으나 혐의자가 사전 신고된 거주지와 다른 곳에 살고 있어 범행을 막지 못한 경우도 있었다. 정부가 정한 기준에 부합하는 성범죄 관련 전과자는 국가, 지방자치단체, 공공기관이 운영하는 곳 가운데 법무부 장관이 지정하는 장소로 거주가 제한된다. 이들의 성 충동을 자제하게 하는 약물 치료를 의무화하는 내용도 법안에 담겨 함께 추진되고 있다.

잔혹한 성범죄를 예방하는 것은 국가의 중대 책무다. 국민의 안전과 불안 해소를 위해 중범죄자에 대한 체계적 관리·감독이 꼭 필요하다. 약물 치료를 받은 성범죄자 재범률은 1.3퍼센트로 그렇지 않은 경우(10퍼센트)보다 월등히 낮다는 점도 국가의 적극적 대처가 필요함을 보여준다. 거주 장소 제한뿐 아니라 아동·청소년 통학 시간과 야간 통행 제한, 어린이보호구역 출입 금지 같은 조치도 함께 시행해야 효과가 난다.

【 반대 】
재수감 수준 이중 처벌 위헌 소지
범죄자 거주 지역 낙인효과 우려도

'한국형 제시카법'의 초안대로 시행한다면 한 번 처벌받은 범죄자가 재수감 수준의 이중 처벌을 받게 된다. 범죄의 과학적 예방은 정부 스스로 확보해야 할 치안의 기본 역량 문제다. 기본권을 묶어 범죄 재발을 막겠다면 살인, 폭력, 강도 같은 강력 범죄자도 모두 거주를 제한할 것인가. 헌법은 '모든 국민은 거주·이전의 자유를 가진다(제14조)'라고 규정하고 있다. 범죄 경력자도 예외가 아니다. 법에 규정된 처벌을 받고 형이 만료된 전과자를 특정 시설에 살도록 강제하면 위헌 소송이 제기될 가능성이 있다.

시설 지정도 말처럼 쉽지 않다. 당초 정부는 '학교 등에서 600미터 이내 거주 금지' 같은 거리 제한을 검토했으나, 인구가 덜 밀접한 비수도권 지역으로 거주지가 집중될 수 있다는 점 때문에 방향을 바꿨다. 그런데도 정부가 지정하는 '국가 등이 운영하는 시설'은 인구가 밀집하지 않은 지역이 될 가능성이 크다. 그러면 해당 지정 지역 주민들의 불만·불안이 커지며 불필요한 지역 간 갈등이 생긴다. 안 그래도 수도권과 지방의 격차가 커지는 것이 심각한 국가적 문제인데, 지역 간 '치안 격차'까지 생긴다면 그 결과는 누가 책임지나. 또 범죄자들이 몰려서 거주하는 지역의 슬럼화도 우려된다. 국가 편의로, 또 다수가 희망한다고 범죄자들을 한군데 몰아두면 관리·감시하는 정부는 편할지 모르지만, 지역 간 격차 심화라는 또 다른 문제가 생긴다.

실효성도 따져봐야 한다. 국토가 좁아 외진 산골과 무인도가 아니면 이들을 격리할 곳이 없다. 거주 제한이 영구적일 수도 없기 때문에 학교 주변 등 특정 지역에서의 범행 발생 확률을 일시적으로 떨어뜨리는 정도에 그칠 수 있다. 법원이 판정하는 제한 기간이

지나면 이들은 다시 자유로운 이동이 가능해지기 때문이다. 강압적 격리 조치를 받은 이들은 노숙자나 폐인으로 전락할 수도 있다. 특정 소수의 기본권만 침해할 뿐 효과는 제한적일 것이다.

【 생각하기 】
취지에 공감하지만
다양한 문제점 극복할 보완책 필요

아동 성범죄자 등을 상대로 범행 기회와 의지를 빼앗아 범죄를 예방하고 발생률을 낮추겠다는 정부의 의도는 좋다. 재범률 등을 생각하면 고위험 성범죄자에 대한 단속 강화가 현실적 방법이기도 하다. 하지만 아무리 좋은 명분이라도 기본권 침해에 따른 위헌 논란, 다수의 요구에 의한 과도한 소수 억압에는 문제가 있다. 합법적 절차를 거친 교도소·화장터 같은 시설도 집단 반대로 기피하는 현실에서 지정 지역의 낙인효과와 그에 따라 벌어질 격차도 극복 과제다. 거주 제한 가능 지역이 외진 산골이나 무인도뿐이라면 재수감 수준의 이중 처벌이라는 점도 문제다. 예상되는 문제점을리 충분히 살피는 등 시행을 위해 세부 각론에서 다듬어야 할 게 많다. AI 기반의 보안용 CCTV 확대, 과학적 순찰 확대, 신속 출동 등 경찰이 치안 사각지대를 최대한 없애나가는 것도 중요하다.

국회의원을 250명으로 감축하자는 주장은 타당한가?

2024년 1월, 국회의원 정원을 줄이자는 주장이 또 나왔다. 집권 여당의 임시 대표 격인 비상대책위원장이 정치 개혁 방안으로 내걸었다는 점에서 무게감이 실렸다. 의원 감축론이 설득력을 갖는 것은 '정치 과잉'으로 빚어지는 '갈등 대한민국'의 진앙지가 국회라는 비판과 무관치 않다. 한국 국회는 대표적 고비용·저효율 집단으로, 사회 갈등을 원내로 수렴해 풀기는커녕 진영 논리와 정파 이익에 따라 갈등과 대립을 증폭시킨다는 지적을 받아왔다. 감축에 반대하는 주장도 있다. 입법부라는 국회의 본질적 기능을 보는 게 중요하다는 관점이다. 행정부를 감시하고 국내외 여러 현안에 잘 대처하기 위해서는 국회가 중요하다는 논리다. 공직선거법은 국회의원 수를 지역구 253명, 비례대표 47명으로 정하고 있다. 정치 개혁 차원에서 이를 250명으로 줄이자는 주장은 타당한가.

【 찬성 】

국제적으로 비교해도 숫자 많고 경쟁력 낮아
특권 속 엉터리 법 양산하며 '저질 경쟁'

국회의원 정원 줄이기는 '정치 과잉'으로 빚어지는 대한민국 국회의 구태와 책임 방기를 감안할 때 꼭 필요한 개혁안이다. 우리 국회가 한국 사회의 여러 분야 중 가장 대표적인 고비용·저효용 기관이라는 지적은 오래전부터 나왔다. 국제적으로 비교해봐도 경쟁력이 최하위권이다. 마구잡이 입법 탓에 법안 가결 비율이 10퍼센트 안팎에 불과하다. 의원 각자가 무책임하게 법안을 발의할 뿐 마무리를 제대로 못 한다는 의미다. 생산성은 이처럼 낮은데, 특권은 OECD 중에서도 최상위다.

무엇보다 1인당 국민총소득 대비 의원 연봉은 미국·일본·영국 등 주요 나라의 약 1.5배에 이른다. 회의에 불참해도, 회의 시간에 코인 거래에 정신이 팔려 있어도, 심지어 범죄를 저질러 수감돼도 월급을 꼬박꼬박 받는다. 의원 1인당 9명이나 되는 보좌진은 OECD 주요국의 2~4배에 달하고, 의원 사무실은 150제곱미터(약 45평)로 4~5배 넓다. 인구가 2,500만 명인 대만도 국회의원이 110명밖에 안 된다.

각종 특혜 등 권한은 많은데 책임질 일은 없으니 총선 때마다 의원이 되려고 죽기 살기로 싸운다. 북유럽의 경우 의회에 유별난

특권이 없고, 국회의원은 통상 국민소득의 평균치 수준에 해당하는 급여를 받는다. 그러면서도 해야 할 일은 많다 보니 고돼서 스스로 의원직을 포기하는 경우도 많다. 국회의원이 국민에 봉사하는 직이 되어야 하는데, 유별난 권한을 누리며 군림하려는 게 한국의 정치 풍토다.

국회의원 정원 줄이기는 이런 폐단을 극복하는 출발점이다. 인구가 줄어드는 상황에서 250명도 많다. 중·대선거구제로 바꾸어 더 줄여야 한다. 그래야 엉터리 법도 덜 만들고 국민 일상과 관계없는 당리당략 싸움질도 덜하게 된다. 의원이 너무 많다 보니 경쟁적으로 만드는 법이 인기 영합을 위한 포퓰리즘 법이 아니면 시민의 창의적 생산 활동을 가로막는 규제법이다. 숫자부터 줄이고, 범법 의원의 경우 봉급을 반납하게 하고 불체포특권도 박탈해야 한다.

【 반대 】

현안 발생 많아 국정 감시 여전히 중요
국회 위축되면 대통령·정부 견제 어려워

복잡다기한 현대 사회인 만큼 국내외에서 여러 일들이 계속 발생하고 있다. 행정부만으로 대처하기 힘든 일도 많다. 더구나 정부

각 부처와 산하의 비대한 공기업과 공공기관 등 국민이 일일이 감시·감독하기 힘든 공공 부문에서 난제가 쌓여가고 있다. 국내에서도 경제·사회·문화에 걸쳐 새로운 현안이 속속 등장하고, 국제 관계에서도 국방과 안보가 경제와 맞물리며 복잡하고 어려운 어젠다가 생겨난다.

'의원 외교'라는 말도 있듯, 입법부의 중요성은 여전히 크다. 결국 국민이 직접 선출하는 의회의 역할은 조금도 줄어들지 않았다. 입법부로서의 국회가 행정부(정부), 사법부(법원)와 삼권 분립을 이루는 국가 권력의 한 축인 것은 근대 민주주의의 오랜 원리다. 국회가 법 제정, 국정감사, 예산 심의를 해내기에 국가가 성장하고 발전한다. 다른 나라와 비교해 한국 대통령의 권한이 과도하게 크다는 지적도 있는 만큼 국회가 이를 견제해야 한다. 과거 한국에서는 국회가 '대통령의 시녀'라는 비판을 받은 적이 있다. 대통령이 여당의 총재(대표)를 겸하면서 행정부와 입법부를 동시에 장악해 막대한 권력을 휘두르던 일이 그리 오래되지 않았다. 국회의원 수를 줄이고 기능을 축소하면 그런 1인 독재, 행정부 독주가 되살아날 가능성도 있다.

물론 최근의 국회, 특히 21대 국회(2020~2024년)가 최선의 노력을 다했느냐, 최상의 성과를 냈느냐에 대해서는 다른 평가가 나올수 있다. 여러 여론조사를 보면 21대 국회에 대해 부정적 평가가 더 많은 것도 사실이다. 그렇다고 바로 국회의원 수부터 줄이자는 것은 과도한 주장이다. 제도적 문제라기보다 특정 시기의 폐단 혹은 특정 시기 구성원의 자질 부족 때문일 수도 있다. 운용의 묘를 살려가며 선거를 통해 좋은 의원들을 잘 뽑는 게 중요하다. 이 책임은 모든 유권자에게 있다.

【 생각하기 】

"21대 국회는 최악" 지적에 정원 감축 공감대 늘어
특혜 철폐 시급

언론·사회단체 등의 국회 평가에서 참으로 이상한 현상이 자주 보인다. 법 제정을 많이 시도한 의원에게 좋은 점수를 주는 것이다. 민주적 자유 시민사회에서 법을 쉽게 만들어선 안 된다. 규제법은 더욱 그렇다. 그런데도 의정 평가를 할 때 단순히 법안 발의를 많이 했다고 열심히 일한 의원이라고 하니, 엉터리 법이 갈수록 늘어만 간다. 가뜩이나 불체포·면책특권이 과도한데, 국회에 출석하지 않아도 월급은 다 준다. 21대 국회는 역대 최악이다. 각 당이 경쟁적으로 정치(국회) 개혁을 약속했지만 지켜진 게 없다. 이런 와중에 의원 감축론이 다시 제기되었다. 하지만 또다시 선거를 앞둔 정치판에서 제기됐다는 점에서 진정성에 물음표가 붙는다. 의원 각자가 잘한다면 300명 정도는 한국이 감내할 만하다. 하지만 정파적 이익 차원의 정쟁을 일삼으니 9명이나 되는 보좌진도 과도하다며 정원을 줄이라는 주장이 나온다. 21대 국회의 행태가 이러한 공감대를 넓혔다.

춘천·아산까지 확대되는 GTX, 134조 원 투입할 가치 있나?

2024년 1월, 정부가 광역급행철도(GTX)를 대대적으로 확대하겠다는 발표를 했다. 수도권에서 30분대 출퇴근 시대를 열겠다는 취지다. 정부의 계획대로 완공된다면 서울·수도권의 교통에 획기적 변화를 가져올 수 있다. 하지만 몇 가지 논쟁점이 있다. 무엇보다 134조 원의 막대한 재원을 어떻게 마련할 것이냐가 문제다. 강원도 도청 소재지인 춘천과 원주, 충청남도 아산까지 이 대심도의 고속철도망으로 엮으면 가뜩이나 거대한 수도권이 더욱 비대해지면서 비수도권과의 격차가 심화될 것이라는 우려도 있다. 22대 국회의원 총선거를 앞둔 시점이어서 정치적 선심이라는 지적도 있다. 예비타당성조사를 건너뛰고 속전속결로 밀어붙이겠다는 대목이 특히 그렇다. 반면 서울의 분산, 수도권 메가시티의 교통 개선, 원거리 출퇴근자의 고충 경감 효과도 예상된다. GTX 연장을 통한 강원·충청 지역의 서울 연계 강화는 바람직한가.

【 찬성 】

출퇴근 고충 줄고 수도권 경쟁력 높여
집값 안정, 건설·전철 기술력도 향상

상주 인구 1,400만 명에 달하는 경기도 주민 상당수가 서울로 출퇴근한다. 김포 지역의 과밀 전철을 비롯해 경부축의 서울 위성도시를 지나는 광역버스는 콩나물시루라는 말도 부족할 정도로 출근길 교통 대란이 빚어지고 있다. 버스는 승객 수송에 한계가 있고, 기존 전철도 역이 많은데다 구식 열차의 구조적 한계 때문에 속도를 내지 못한다. 지하 깊은 곳에서 빠른 속도로 달리는 신형 GTX를 건설해야 출근 지옥이라는 불만과 하소연을 해소할 수 있다.

GTX는 지하 50미터 깊이의 터널에서 최고 시속 180킬로미터로 달리는 미래형 이동 수단이다. 출퇴근을 포함한 시민들의 이동 시간을 줄여 삶의 만족도를 넓히고, 건설 과정에서 한국 도시 철도 기술의 개발 효과도 기대할 수 있다. 대심도의 터널 공사는 기존 전철 건설과 공법이 달라 국내 건설업계의 기술 수준도 크게 끌어올릴 것이다.

서울과 수도권의 교통 여건이 나아지고 편리해지면 집값 안정과 주거의 질 향상도 도모할 수 있다. 교통 개선은 개인의 행동 반경을 획기적으로 넓혀, 강남 3구를 비롯한 서울 요지로의 주택 수요 쏠림 현상도 크게 개선될 게 확실하다. 자연히 서울에 집중된 주택 수요가 크게 완화되고 집값 양극화 해소 등으로 주거 안정에 도움이 된다. 춘천·원주·아산·천안·동두천 지역의 서울 접근성을 높이면 서울 출퇴근자가 아닌 경우에도 생활 편의를 도모할 수 있다. 의료·문화·쇼핑·교육 등에서 더 많은 인구가 서울의 각종 인프라를 당일치기로 누릴 수 있는 것도 큰 효과다.

서울과 수도권의 경쟁력은 곧 대한민국의 국제 경쟁력이다. 글로벌 대도시 평가에서 교통과 주거 환경은 매우 중요하다. 인구 3,800만 명의 광역 도시 도쿄, 광대하게 팽창하고 있는 상하이·베이징 경제권역과 서울이 경쟁하는 데도 도움이 된다. 비용이 들어도 이런 인프라를 갖춰나가야, 다국적 기업이 한국으로 투자를 확대하고 서울에 동북아시아 거점도 만들 것이다. 편리한 메가시티 구축은 해외 학생 및 청년의 한국 유치에도 도움이 된다.

【 반대 】
천문학적 비용… 선거 앞둔 희망고문
'강원·충청까지 서울' 지역 격차 가속화

현실적으로 가장 큰 문제는 무슨 돈으로 이 거대한 프로젝트를 진행할 것이냐다. 정부는 국비(중앙정부 예산) 30조 원, 지방비(지방자치단체 예산) 13조 6,000억 원, 민간 재원 75조 2,000억 원이라고 두루뭉술하게 재원 대책을 내놨다. 수년 안에 134조 원이라는 막대한 재원을 어떻게 마련할 지가 문제다. 2030년까지 제시된 A~F 구간을 다 완공하려면 나랏돈 43조 원 마련도 쉽지 않다.

더 큰 문제는 75조 원이 넘는 민간자본 조달이다. 민간에서 이 정도의 공사 비용을 대면 그에 따른 이자 비용(수익 비용)을 제공해야 한다(최소운영수입보장제도, MRG). 그러면 GTX 이용자는 적지 않은 요금을 내야 한다. 동원된 민간자본에 맞게 수익을 보장해줄 정도로 높은 요금을 책정하면 이용자 불만도 높아질 수밖에 없는데, 한국의 정치와 행정은 그런 압력에 바로 굴복하게 될 게 뻔하다. 그렇다고 정부 돈으로 손실을 보장해 이용자 부담을 줄여주면 수익자 부담 원칙이 무너진다. 일산대교 통행료, 수도권 순환도로 등 민자 유치로 건설된 SOC에서 숱하게 논란이 된 문제다. 민자 유치 시 수익자 부담 원칙이 아직 한국에선 정립되지 않은 탓이다.

강원도의 도청 소재지인 춘천과 영서 지방의 중심지인 원주, 서울과 거리가 있는 충청남도 아산까지 고속철도로 하나의 생활권으로 묶으면 가뜩이나 비대한 수도권은 더 커진다. 저출산만큼이나 심각한 문제인 수도권과 비수도권의 지역 격차가 더 악화되는 것이다. GTX 이용 가능 지역의 인구와 경제는 서울에 더 빨려 들어가는 결과를 초래할 수 있다. 서울의 지하철이 연장된 파주·김포·양주·포천 등지에서는 상권이 위축되면서 서울로 흡수

되는 현상이 나타나고 있다. 서울과 춘천이 준고속철인 ITX-청춘 열차로 연결되면서 강원대학교 앞의 캠퍼스촌은 쇠락해버렸다. 경제적 효과를 사전에 계산하는 예비타당성조사를 건너뛴다는 정부 방침도 문제다. 더구나 22대 국회의원 총선을 앞둔 시점에 나온, 선거를 의식한 급조 정책이다.

【 생각하기 】

정치 논리보다 경제성 앞서야 지속 가능
수익자 부담 원칙 지켜질까

재원 대책이 없는 멋진 정책은 희망고문이 될 수 있다. 이런 청사진만 믿고 이사라도 덜컥 한 뒤 공사 착공은 하세월이면 낭패가 된다. 대형 SOC 사업은 정치 논리보다 경제성이 우선돼야 완공 후에도 지속 가능해진다. GTX의 경우 동탄-파주 사이의 A 노선은 이미 첫 공사가 시작됐다. 이 노선만 해도 구상에서 실제로 공사 착공까지 긴 시일이 걸렸고, 노선 연장 문제로도 갈등이 컸다. 마구잡이로 노선만 확대할 게 아니라 공사가 선행된 이 구간부터 적기에 완성하고 효과와 부작용까지 점검해가면서 신중하게 확대 여부를 결정하는 게 합리적이다. 지하철의 연간 적자(2022년 기준)가 서울 6,420억 원, 부산 2,710억 원, 대구 1,897억 원 등으로 예외 없이 만성 손실이라는 사실이나 인천국제공항 연결 고속도로 등에 투자한 민간자본에 손실 보전 명목으로 적지 않은 세금을 지원했던 것도 알아야 한다. 예비타당성조사를 무시하면 이런 일이 반복된다.

2부

시장 개입,
어디까지 허용해야 할까?

—

경쟁과 규제

THE POWER OF LOGIC
THE QUALITY OF KNOWLEDGE

5,000만 원 이상 금융투자소득에 세금 부과, 한국도 도입해야 하나?

2022년 가을, 증권회사들은 이러지도 저러지도 못하며 당황했다. 금융투자소득세법에 대한 정부와 거대 야당 입장이 반대였기 때문이다. 기획재정부의 방침은 주식·펀드 등의 금융투자 상품에 대한 과세를 최소한 2년은 유예한다는 것이었다. 그런 내용을 공약으로 내건 대통령이 당선됐고, 새 정부 출범 후 세법을 담당하는 기재부의 경제부총리가 공식 발표도 했다. 하지만 거대 야당이 장악한 국회는 증시에서 연간 5,000만원 이상의 양도차익을 낼 경우 2023년부터 22.0~27.5퍼센트 과세하겠다고 별렀다. 직접 투자자뿐 아니라 경제 살리기에 비중을 두는 입장에서는 대부분 이 과세에 반대하는 분위기였다. 결국 시행이 유예됐고, 2023년 말에는 아예 폐지하겠다는 방침이 발표됐다. 논란의 금융투자소득세, 시행해야 하나.

【 찬성 】
현 정부 이전에 결정된 사항
상위 1퍼센트 부자 과세, 바로 시행해야

금융투자소득에 따른 소득세 부과는 2020년 당시 여야 합의로 방침이 정해진 것이다. 모든 양도차익에 무조건 과세가 아니라, 주식과 펀드 등에 대해 투자소득이 연간 기준으로 5,000만 원 이상인 경우에 한한다. 은행에 맡긴 이자소득에도 정해진 세율에 따라 과세하고 있는 마당에 문제될 것이 없다. 그리고 법안까지 다 마무리돼 있다. 2022년 가을에 논란이 된 이유는 2023년 1월부터로 정해진 시행 시기를 더 늦추자고 했기 때문이다. 정부는 시행 시기를 2년 늦춰 2025년부터 시행하자며 이런 내용을 담은 법 개정안을 국회에 냈는데, 대한민국 상위 1퍼센트를 위한 법일 뿐이다(당시 더불어민주당의 주장이다).

과세 기준의 쟁점이 5,000만 원이라는 점도 고려돼야 한다. 금융투자에 따른 양도소득이 5,000만 원이면 국내에서는 소수 상위층에 해당한다. 금융소득이 일정 수준을 넘는 부자들에게 과세하기로 한 세금을 지금에 와서 부과하지 말자는 것은 누구를 위한 주장인가. 금투세 신설은 부자 증세일 뿐 서민 대상의 세금 강화가 아니다. 정부 주장대로 법은 그대로 둔 채 2년간 시행만 미룬다고 본질적으로 무엇이 달라지나. 과세 방향을 한 번 정했다면 주식 시장 상황이 다소 나쁘다는 것을 핑곗거리로 삼을 게 아니라 새로운 원칙으로 삼아 밀어붙여야 한다. 그게 오히려 예측 가능한 시장 정책 아닌가.

미국과 일본 같은 나라에서도 비슷한 성격의 금융소득 과세가 있다. 소득 5,000만 원까지는 과세하지 않는다는 점도 중요하다. 면세의 기본 공제가 5,000만 원이라는 것은 오히려 다른 자산과 비교해 지나친 혜택이라는 측면도 있다. 예정대로 시행해서 재정 확충에 나서야 복지 확대 등 필요한 부분의 지출 수요를 맞출 수 있다. 금투세가 시행되면 국내 투자자들이 국내 주식을 팔아치우고 해외 증시로 가버릴 것이라는 주장도 세 부담을 회피하기 위한 엄살 또는 일종의 협박이다.

【 반대 】
'개인 큰손' 이탈, '개미 투자자' 더 피해
많은 나라, 왜 시장 안정·보호 나서겠나

1,400만 명에 달하는 국내 주식 투자자로 하여금 불안에 떨게 하는 법을 무리해가며 강행해서는 안 된다. 더구나 주식 시장은 매우 침체된 상황이다. 코스피지수는 2022년 한 해에만 27퍼센트가량 하락했다. 국회에 법 시행 유예를 촉구하는 국민청원이 조기

에 상한선인 5만 명에 달했을 정도로 반대가 많았다.

이 법을 처음 만들기로 했을 때부터 "명분도 없고, 실익도 없다"는 비판이 컸다. 다만 시행까지 유예 기간이 있었기에 그 당시에도 "설마 시행되겠나" 하는 심정에서 공식화된 반대가 없었던 것이다. 더구나 지금은 시장 상황도 매우 좋지 않다. 중산층과 그 아래쪽까지 다수 국민의 개인적 부를 늘려가도록 도와야 하는 게 정부다. 투자소득이 조금 생긴다고 바로 과세해버리면 국민을 '빈곤의 평등'으로 몰아가자는 것과 뭐가 다른가. 많은 국민이 높은 물가와 싸우며 먹고 싶은 것, 입고 싶은 것 참고 절약하고 저축한다. 말이 주식과 펀드투자지, 조금이라도 저축액과 금융소득을 높여보기 위한 눈물겨운 저축에 다름 아니다.

증시의 규모와 공정성 자체를 비교도 하기 어려운 미국이나 일본만 볼 게 아니라, 한국과 상황이 비슷한 싱가포르, 홍콩, 뉴질랜드, 중국, 대만의 사례를 볼 필요가 있다. 이들 나라도 금투세의 위험을 잘 알기에 도입하지 않는다. 가뜩이나 시장 변동성이 커 위험한 투자처로 평가받는 한국 시장에서 투자자들이 세금이 무서워 해외 시장으로 빠져나가면 그 충격과 피해는 누가 책임지나. 거대 야당은 투자 수익이 5,000만 원 미만이면 세금을 내지 않는다는 사실만 말하지만, 투자 규모가 큰 개인 투자자들이 해외로 이탈하면 시장 침체, 전체 주가 하락으로 소규모 개인 투자자는 훨씬 큰 피해를 입을 수밖에 없다. 시장에 미칠 중장기 파장을 파악하는 게 중요하다. 증시를 안정시키려 온갖 애를 쓰는 다른 나라들 모습은 보이지도 않나.

【 생각하기 】
한국 시장 싫으면 바로 미국·중국으로 달아나는 시대, 정부가 장기 투자 막아선 안 돼

5,000만 원 과세 그 자체의 타당성과 공정성 이상의 파급효과도 볼 필요가 있다. 투자금액 단위가 큰 투자자들이 세금이 무서워 떠나면 한국 증시는 큰 충격을 받게 된다. 많은 국가, 심지어 좌파 정권이 들어선 나라마저 내키지 않으면서도 시장 보호에 나서며 충격을 주지 않으려 애쓰는 이유다. 한국 증시에 불안을 느끼면 미국뿐 아니라 중국 시장으로 즉각 가버릴 수 있는 게 현대의 국제 금융 시장이다. 개인이든 기관이든 마찬가지다. 금투세는 개인 대상의 세금이지만 원리가 그렇다. 부자 증세 논리가 이런 데까지 미치는 것도 경계할 일이다. 실패로 끝난 문재인 정부의 소득주도 성장 정책을 반면교사로 돌아볼 필요가 있다. 명분과 이론은 나름 그럴듯했지만 성과를 낼 수 없었다. 금투세가 결과적으로 장기 투자 의욕을 꺾을 거라는 점도 경계해야 한다. 국민의 자본 형성을 도와주는 게 좋은 정부다.

금융감독기관의 은행 이자 개입,
용인될 수 있을까?

2022년 12월, 금융권에 신(新)관치 논란이 잇따랐다. 금융위원회와 금융감독원이 시중은행과 저축은행에 예금 금리를 내리도록 압박 혹은 압력을 가하면서 비롯됐다. 두 기관은 예금 금리를 올리면 저축예금으로 시중의 자금이 몰리면서 돈이 절실한 곳으로 흐르지 않는, 이른바 '돈맥경화' 현상 같은 부작용이 빚어진다고 판단해 이에 대한 대책을 낸 셈이다. 하지만 예금자들은 한국은행이 힘겹게 금리를 올리는 판에 예금 금리 인상을 인위적으로 가로막는 것은 구태의연한 관치금융이라고 보고 있다. 더구나 금융감독당국은 각 금융그룹 회장의 임기 만료를 앞둔 시점에 지주회사 이사회 의장들을 불러모으고 사고가 터지면 회장까지 징계하겠다는 으름장도 놨다. 금융감독기관의 은행 이자 개입은 용인될 수 있는 것인가.

【 찬성 】

급등 예금 금리, 가계 부담 늘리는 악순환
'돈맥경화' 막기 위한 고육책

코로나 충격이 조금 가시면서 시작된 세계적 인플레이션은 여러 가지 원인에서 비롯됐다. 미국과 중국의 갈등에서 시작된 글로벌 공급망 이상, 에너지·식량 가격의 급등 같은 요인은 한국으로서는 속수무책이고 어떻게 대처하기도 어려운 해외 요인이다. 이런 와중에 미국이 인플레이션 대처를 위해 금리를 큰 폭으로 올리면서 한국은행은 울며 기준금리를 올릴 수밖에 없는 환경이 계속되고 있다. 금리 인상에 따른 부작용과 문제점이 심각하지만 환율 유지, 자본 이탈 방지, 고물가 대처를 위해 사실상 선택의 여지도 없이 금리를 올리는 것이다.

금리를 올리자 바로 파장이 나타나기 시작했다. 가장 큰 게 대출 금리가 오르는 것이다. 한은의 기준금리 인상으로 은행을 비롯한 금융회사의 대출 금리 자체가 오르는 것은 자연스러운 현상일 수 있다. 문제는 높은 이자를 주는 은행과 저축은행의 고금리 상품 예금이 늘어나자 대출 이자 산정의 기준이 되는 코픽스(COFIX)가 오르고, 이게 다시 대출 금리를 끌어올리는 악순환이 일어난다는 점이다. '영끌'·'빚투'족을 비롯해 가계와 기업의 대출금은 심각한 지경이어서 대출 이자 부담 증가로 가처분소득이 줄어들고,

소비가 급격히 위축되고 있다. 경제 전반의 시스템 위기를 재촉할 조짐도 있다. 2022년 10월 정기예금 잔액은 931조 6,000억 원으로 한 달 새 56조 원 이상 늘었다. 카드 대금을 뺀 가계대출금만 1,757조 원(9월 말)에 달해 금리가 0.25퍼센트포인트 오르면 가계 이자 부담은 3조 3,000억 원씩 늘어난다는 게 한은의 분석이다. 또 돈이 정기예금 등으로 쏠리면 당장 산업계의 자금 조달 길이 막히는 '돈맥경화' 현상도 심해진다.

금융당국이 이런 문제점을 해결하려는 것은 자연스럽다. 은행 채권 발행을 억제하고 예금 금리 올리기를 막는 것 모두 금융 시스템을 유지하기 위한 고육지책이다. 금융권의 비생산적인 자금 확보 경쟁을 막자는 취지도 있으니 이해해야 한다.

【 반대 】

거친 시장 개입으로 예금 생활자 손해
'자유와 시장경제' 외치며 거꾸로 가

금융만이 아니라 경제·산업 다부문의 복합적 위기를 맞아 금융위원회나 금융감독원의 적절한 시장 관리와 리더십은 필요할 수 있다. 가계부채가 위험 수위에 이른 상황에서 은행권에 '고통 분담'을 요구하는 것도 용인할 만하다. 시중 자금이 안전한 쪽으로 쏠리는 현상에 대해 '균형과 자제'를 당부하는 것에 공감되는 대목도 있다. 하지만 금융 소비자의 이익에 직접 개입해서는 안 된다. 더구나 민감한 금융 시장에 투박하고 과도하게 개입하고, 은행 등 금융 회사의 주식은 한 주도 갖고 있지 않으면서 개별 금융사 인사에 관여하는 듯한 모습을 보이는 것은 부적절하다. 이런 게 전형적인 관치금융이다. 감독당국이 노골적으로 개입함에 따라, 연 5퍼센트대의 예금 상품이 불과 한 주 새 자취를 감추면서 4퍼센트대로 떨어졌다. 이런 현상은 금융 시장의 왜곡을 초래할 것이다. 저축은행에서는 1주일 새 0.5퍼센트포인트까지 떨어진 경우도 있다. 금리가 오르는 현실과 반대다. 은행의 예금 유치, 자금 확보 경쟁에 개입하면서 감독당국 스스로가 시장을 교란시키는 격이다. 예금 금리가 떨어지면 은퇴 퇴직자 등 고령층과 예금에 기대는 금리 생활자들에겐 바로 타격이다.

'자유민주주의와 시장경제'를 내걸고 출범한 윤석열 정부에서 이런 노골적 관치금융이 나타난다는 것은 더욱 모순이다. 대통령이 취임사에서 35번, 8월 광복절 경축사에서 33번이나 언급한 자유와 자율은 윤석열 정부의 주요 국정철학인데 거꾸로 가고 있다. 커지는 관치 논란은 국정철학이 행정 일선에서 제대로 작동하지 않고 있음을 보여준다. 금융사 팔을 비트는 식의 직접적 개입·간섭을 지양해야 한다. 시장에 메시지를 주려면 좀 더 자연스럽게 금융회사들과 원활한 소통을 하면서 시장 친화적으로 정책을 구사할 필요가 있다. 문제가 생긴다고 보이는 곳만 땜질하고 원칙도 없이 오락가락 대책을 남발하면 금융 시장의 '정책 내성'만 키울 수 있다.

【 생각하기 】
금융은 민감, 규제 요인부터 점검해야
'보신주의' 금융사들, 관치 자초한 측면도

금융 시장은 매우 민감한 곳이라고 흔히 말한다. 이자 부담 문제뿐만 아니라 '돈맥경화' 현상이 우려된다면 금융의 흐름을 막는 다른 요인이 없는지 살피는 게 먼저다. 가령 규제 법규에 대한 재점검이다. 금리 상승기의 금융 약자에 대한 배려도 필요하지만, 좀 더 정교한 정책이 아쉽다. 관치 논란은 자율 노력을 기울이기보다 눈치보기식 보신주의에 빠진 금융권에도 책임이 없지 않다. 금리 급등으로 어려워진 서민경제는 외면한 채 손쉬운 이자 장사로 역대급 '실적 파티'를 벌이고, 금융 시장의 '돈맥경화' 와중에도 예금 유치 이벤트에나 적극 나서는 행태로 인해 정부의 간섭과 외풍을 자초했다는 비난을 피하기 어렵다. 실물경제와 금융 시장에 자금을 공급·조절하는 금융의 고유 역할을 살리고, 자기 책임을 강화해 시장 신뢰를 회복해야 관치의 악습을 끊을 수 있다.

아파트 명칭에 지자체가 간섭해도 될까?

공동주택 이름에 대해 개입 의지를 보여온 서울시가 2023년 12월 21일 시민 토론회를 열고 가이드라인을 공개했다. 온갖 외국어가 뒤섞인, 긴 이름의 아파트를 두고 눈살을 찌푸리는 이가 적지 않은 것은 사실이다. 아파트 명칭에 지역·동, 시공·건설사와 자사 브랜드, 사업 현장의 고유 이름까지 다 넣다 보니 10글자가 넘는 경우도 드물지 않다. 전남·광주 지역의 한 아파트 단지 정식 명칭은 25자에 달한다고 해 화제가 된 적도 있다. 영어는 기본이고 프랑스어, 독일어에 이탈리아어까지 들어가면서 외국어가 많은 데 반발하는 이들도 있다. 반면 명백한 사유재산인 개인 집에 어떤 문패를 달든, 할 일도 많은 지방자치단체가 이런 데까지 왜 간섭하느냐는 비판도 적지 않다. 집도 브랜드화되면서 생겨난 새로운 논쟁거리다. 지자체의 아파트 명칭 간섭은 용인될 수 있나.

【 찬성 】

길고 어려운 공동주택 명칭 난립 막아야
모두가 활용하는 주소, 쉽고 편해야

최근의 아파트 명칭이 외국어투성이에 제한 없이 길어지고 있다. '○○역 ○○펜트리움센트럴○○' '래미안○○ ○○하임' 같은 이름을 보면 어느 나라 주택 이름인지 의아해진다. 한글과 다양한 외국어가 뒤섞이면서 주민 외에는 그 의미도 알 수 없는 아파트 명칭이 유행처럼 확대되고 있다. 이런 이름을 좀 더 쉽고 간결하게, 모두가 부르기 좋은 이름으로 바꿀 필요가 있다. 주민 스스로 그런 노력을 하지 않으니 시의 개입이 불가피해진 것이다.

아파트 이름은 단순히 거주 및 소유자만 사용하는 것이라고 보기 어렵다. 시민 모두가 주소 등으로 이용한다. 주소는 모든 이가 공동으로 편하게 사용하기 위한 공공 시스템인데, 너무 생소한 이름을 길게 붙여 해외에서도 사용하는 주소를 어렵게 만들어서는 곤란하다. 독일어, 이탈리아어 등까지 조합한 명칭은 노인이나 일상에서 외국어를 쓸 일이 많지 않은 이에게 불편을 준다. 글자 수가 10자를 넘으면서 주소를 행정 문서에도 담기 어렵다는 문제 역시 존재한다.

한글 위주로 쉽고 편한 단어를 실생활에서 좀 더 많이 쓰도록 행정당국이 계도할 필요가 있다. 안 그래도 온갖 상품부터 거리의 가게 이름까지 외국어가 넘쳐나는 시대다. 가능한 수단이 있다면 우리말 사용을 유도해야 한다. 근래의 작명 트렌드 이면엔 복잡한 서구식 이름으로 집값을 올리려는 의도가 있는 만큼 적절히 개입할 필요가 있다. 다만 강제로 특정 종류의 언어 사용이나 길이 제한은 어려우니 일단 가이드라인을 제시하는 정도로 접근하고 인센티브를 내세워 유도하는 게 바람직하다. 서울 시내에서만 재건축이나 재개발을 추진 중인 아파트 단지가 601곳에 달한다. 지금이라도 명칭 규제에 나서지 않으면 서울은 국적 불명, 긴 이름의 아파트로 가득찰 것이다.

【 반대 】

집은 사적 공간, 주택도 '브랜드 경제' 추구
서울시 도시 발전 위해 다른 할 일도 태산

아파트는 공동주택이지만 엄연한 사적 공간이다. 사유재산의 가장 기본이자 출발점이 개인 주택이다. 자기 집에 주인이 마음에 드는 이름을 지어 문패로 내걸겠다는데, 누가 무슨 권한으로 간섭한다는 말인가. 옛 정자에 달린, 어려운 한자어로 된 현판이 마음에 안 든다고 쉬운 말로 바꾸라고 할 수 있나. 절이나 유명한 문화유적 기둥의 주련을 한글로 바꾸라고 강제할 수 있나. 쉽다는 것의 기준은 또 무엇인가. 마찬가지로, 사용하기에 편리하다는 것도 객관적 잣대가 없다. 지극히 주관적이다. 길이에서도 10글자는 길고, 5글자는 길지 않다는 식의 절대적 기준이 없다. 기준이 없으면 행정당국의 자의적 판단이 들어간다. 서울시 마음에 들면 좋은 이름이고, 그 반대면 사용 불가인가. 자의적 판단이 들어가면 최악의 행정이고, 헌법보다 무서운 창구행정이 된다.

외국어 남용을 우려하는 시각도 있지만, 일상생활을 한번 보라. 식음료부터 온갖 약품, 휴대폰 등 전자기기, 자동차, 영화와 드라마 등 한국산에 외국어가 쓰이지 않은 분야가 얼마나 되나. 한글만 강조하고 매달리는 국수주의 풍조는 개방으로 먹고사는 한국 같은 나라에선 애초 맞지도 않는다.

'브랜드 경제학'이 발전하는 시대, 주택도 브랜드가 되는 것이 자연스러운 현상이라는 점을 인정해야 한다. 대형 회사를 중심으로 주택 건설업체들이 고유의 브랜드를 내세워 편리한 미래형 주택을 속속 선보이는 것은 주택의 진화이자 브랜드의 진화다. 1인당 국민총소득 3만 달러를 넘어서면서 서울 같은 대도시 지역을 중심으로 집에도 고유의 프리미엄 상표를 붙이고 싶어하는 게 현대인의 바람이다. 주소 체계에서 긴 이름이 문제라면 앞부분의 몇 글자만 쓰게 하든지, 축약된 줄임말을 쓰는 것도 대안이다. 간단한 쟁점 같지만, 사적 영역에 행정이 마구 간섭하려 든다는 게 문제의 본질이다.

'인센티브제'여도 강력한 주택 행정 눈치 보게 돼
쉽고 간결? '주관 판단 행정'은 곤란

아파트 이름이 복잡하고 비슷해 집 찾기, 주소 확인에 어려움이 있다는 지적과 도시의 진화와 편의시설 확충을 위해 할 일도 많은 지자체가 사적 공간의 명칭에 왜 간섭하느냐는 반론이 부딪치고 있다. 서울시는 이름을 간편하고 쉽게 지으면 인센티브를 준다는 방침이지만, 인센티브 행정도 무서울 때가 많다. 아파트의 재건축과 재개발은 전 과정에 걸쳐 지자체 권한이 워낙 막강해 건설회사든 주택조합이든 눈치를 안 볼 수 없는 게 현실이다. 형식은 인세티브제여도, 실제로는 행정 담당자(부서) 마음에 들 때까지 돌려보내는 경우도 생길 수 있다. '쉽고 간편' 같은, 객관적 기준이 없는 행정은 배제돼야 한다. 긴 이름은 주소나 행정 서류에서 앞 7자까지만 쓰거나, 약칭을 받아주는 방식도 대안이 될 듯하다. 간섭을 자제하는 것도 좋은 행정일 수 있다. 정부의 간섭이 아닌 건설회사 단체 같은 곳의 자율 캠페인이라면 좋다.

15년째 대학 등록금 동결, 정부의 개입이 타당한가?

2009년 이래 동결돼온 대학 등록금이 한계점에 달했다. 그런데도 교육부가 계속 등록금 인상을 공개적으로 가로막고 나서 논란이 되고 있다. 재정난이 심각해지는 대학들은 더는 견디기 어렵다며 불만을 감추지 않는다. 2023년 2월, 화장실조차 고칠 형편이 안 된다는 부산 소재의 어느 대학의 딱한 사정이 알려지면서 등록금을 올릴 수밖에 없다는 불만이 봇물처럼 터졌다. 교육부가 등록금 인상을 막는 큰 이유는 치솟는 물가에 미치는 영향 때문이다. 이미 각종 생활물가가 고공행진이고 공공요금도 함께 오를 수밖에 없는 상황에서 등록금까지 오르면 '민심'이 나빠지면서 2024년 총선에 악영향을 미칠 것이라는 판단이 있어 보인다. 온갖 명목의 지원금과 함께 국가장학금 배분권이 교육부에 있어 대학은 따르지 않기 어렵다. 재정 위기 대학에 대한 등록금 간섭, 용인할 수 있나.

【 찬성 】

고물가 와중에 서민 영향 감안해야
한국 대학들 학비 올릴 수준은 되나

대학 진학률이 70퍼센트가 넘는 상황에서 등록금 인상이 서민에게 미칠 영향을 감안해야 한다. 더구나 정부는 치솟는 물가와 전쟁 치르듯 맞서고 있다. 국제 에너지값은 장기간 고공 행진하는 중인데다 문재인 정부 5년간 억지로 가격 인상을 억눌러 한계 상황에 달한 전기료와 대중교통 요금을 비롯해 공공요금도 줄줄이 오를 것으로 보인다. 이런 판에 대학 등록금도 오르면 중산층 이하의 가계에는 큰 부담이 된다.

대학을 졸업한다고 취업이 수월한 것도 아니다. 4년 만에 졸업하는 경우도 많지 않은데, 등록금이 올라가면 학비를 스스로 벌어야 하는 학생과 중산층 이하 가정은 사정이 어려워질 수 있다.

졸업도 여의치 않고 졸업해도 취업도 쉽지 않은 데다 대학 교육의 질이 좋다고 할 상황도 아니다. 대학이 학비를 더 많이 받겠다고 할 수 있는지 의문이다. 요컨대 한국 대학 교육·강좌의 질과 연구 기능이 비싼 등록금의 값을 하고 있느냐는 것이다.

더구나 대학은 정부로부터 여러 명목으로 발전 지원금을 받고, 나랏돈이 들어가는 국가장학금도 받고 있다. 그런 만큼 학비 부담을 가급적 줄이겠다는 정부 정책에 협조해야 할 이유가 있다.

재정난 해소를 등록금 인상으로 타개하려는 것도 너무 안이하고 손쉬운 해법이다. 재단 전입금을 늘리든지, 동문과 지역사회 등에서 기부금을 더 받든지, 다른 대안을 적극 찾아야 한다. 미국의 많은 유수 대학도 그런 노력을 기울이고 있지 않은가. 대학 내 벤처기업도 육성하고 대학 자체의 수익 사업도 강구할 필요가 있다. 그렇게 해서 등록금에만 의존하는 '천수답 재정'에서 벗어날 필요가 있다. 쓸 데도 많은 국가 예산에서 큰 몫을 떼어 대학에 지원하는 만큼 대학 재정이 등록금 일변도에 매몰되지 않도록 교육부가 유도해야 한다. 아울러 정부는 기왕 대학에 간섭하고 있는 만큼 그에 대한 대가로 지원을 더 늘리라는 주장에 귀 기울일 필요가 있다.

【 반대 】
강제 동결로 대학이 어떻게 추락했나
우수 교수요원 이탈, 정부 의존성 커져

지난 14년간 등록금이 사실상 강제로 동결된 한국 대학에서 빚어진 현상은 인위적인 가격과 비용 통제가 어떤 결과를 초래하는지 보여주기에 충분하다. 교육부가 나서서 등록금이라는 '서비스 가격'을 간섭하고 억누르자 재정난에 몰린 한국 대학은 하향평준화의 늪에 빠져버렸다. 그 결과 고등교육기관이라는 이름에 걸맞은 인재 양성과 수준 높은 학문 연구라는 대학 본연의 기능에서 계속 멀어지고 있다. 등록금을 마치 정부가 관할하는 공공요금처럼 다루면서 한국 대학의 국제 경쟁력만 떨어뜨린 것이다. 이로 인한 사회적 손실은 이루 계산하기도 어려운 지경이다.

최근 늘어난 대학 내 갈등도 강압적 등록금 동결 탓과 무관하지 않다. 급여를 올려달라는 교수들의 중앙노동위원회 조정 신청 건수가 2022년부터 2023년 초 사이에만 26건에 달했고, 교직원과 학교법인 간 행정소송도 벌어졌다.

지방에서는 더하다. 이 모든 게 대학 의지와 관계없이 등록금이 동결된 탓이다. 지방 사립대학에서는 교수 연봉이 중소기업에 취업한 고졸 청년 급여보다 못한 곳도 드물지 않다. 이런 대학에서 정상적 강의나 의미 있는 연구가 과연 가능하겠나.

고등교육법에는 대학의 등록금 인상이 가능하도록 보장돼 있다. '인상률이 직전 3개 연도 평균 소비자물가 상승률의 1.5배를 초과해선 안 된다'는 금지조항 자체가 불필요한 규제조항이기는 하지만, 이 정도의 인상도 교육부가 못 하게 해왔다. 각종 보조금을 내세워 등록금을 올리면 정부 재정 사업에서 심각한 불이익을 주고, 국가장학금 지원 대상에서 빼니 어떤 대학도 이런 강압 조치에 쉽게 맞설 수가 없다.

고등교육 비용에까지 '반값' 타령의 포퓰리즘이 깊이 스며든

게 문제다. 그 결과 대학 재정을 빈약하게 하면서 정부 의존도만 높이고, 우수한 교수요원을 내쫓은 결과 대학 부실화와 경쟁력 저하라는 악순환이 빚어졌다. 대학까지 자율과 독립성을 잃은 채 정부만 바라보는 게 정상인가.

【 생각하기 】

대학 위기는 기술·산업 위기
좌우 없는 '반값' 포퓰리즘의 깊은 그늘

대학 위기는 학문의 위기고, 신기술의 위기다. 이 악순환이 산업 위기로 이어지면 그 결과는 어떻게 될지 말할 필요도 없다.

등록금이 대학 재정에서 차지하는 큰 비중을 외면한 채, 교수들에게 제대로 된 급여도 주지 못하면서 대학 개혁을 말할 수 없는 노릇이다. 교육부가 툭하면 대학 개혁을 외치면서도 실제로는 보조금을 나눠주면서 뒤떨어지는 대학까지 안고 가는 모순점도 짚어둘 만하다.

등록금 규제를 초래한 '반값 등록금'의 포퓰리즘은 애초에 시장 원칙과 논리를 무시한 정치적 구호였다. 이명박 정부 때 시작한 이 규제가 박근혜·문재인 정부를 거쳐 '자유·시장'을 외치는 윤석열 정부에까지 이어진다는 것도 눈여겨볼 대목이다. 좌우 보혁의 구별이 없는 것이다.

대학 자율을 최대한 보장하고 미래 경쟁력을 확보할 수 있도록 지원하겠다면서 등록금 인상에선 다른 태도를 보이는 것은 자기 모순이 아닌가.

5대 은행 과점 체제, 이대로 괜찮을까?

2023년 2월, 완연한 경기 침체 속에 이례적인 규모로 많은 이익을 낸 은행들이 성과급·퇴직금 잔치를 벌이면서 은행의 과점 체제를 둘러싼 논란이 일었다. 국내외 다양한 변수에서 비롯된 복합 불황 와중이어서 은행계의 '그들만의 잔치'를 보는 사회적 시선이 곱지 않았다. 과점은 말 그대로 소수의 대기업이 해당 시장을 장악해 쥐락펴락하는 현상을 말하는 것으로, 자유로운 경쟁 체제를 가로막는 부정적 뉘앙스가 강하다. 한국의 5대 시중은행이 그런 구조에서 불황 없이 최근 15년간 무려 100조 원을 벌었다는 분석도 나왔다. 더구나 은행은 정부 보증의 면허증에 힘입어 '돈장사'를 하기 때문에 정부의 적정 간섭이 다른 분야보다 더 용인된다는 주장이 적지 않다. 반면에 5대 은행 체제는 통폐합 정책, 즉 정부 관치금융의 소산물이라는 반론도 있다. 은행의 과점 체제를 어떻게 볼 것인가.

【 찬성 】

한국의 은행 과점 비율 OECD 중하위권
5대 은행 체제, 정부 통폐합 정책 결과

한국의 시중은행이 과점인 것은 사실이지만 경제 선진국과 비교해 특별히 과도하다고 할 정도는 아니다. 금융위원회 자문기구인 금융산업경쟁도평가위원회가 2022년 12월에 내놓은 보고서가 좋은 기준이다. '은행업 경쟁도 평가 결과 보고서'에 따르면 한국의 은행 산업 집중도는 선진국 클럽인 OECD 34개국 가운데 전체적으로는 23위, 시중은행만 보면 18위로 중하위권이다. 총자산 상위 3개 은행의 점유율을 합산해 국가별로 비교한 것이다.

카카오뱅크 같은 인터넷전문은행이 시장에 신규 진입한 이후 집중도는 완화하는 추세다. 가계대출 시장 집중도(상위 3개 은행) 비율은 2018년 63.8퍼센트에서 2021년 61.9퍼센트로 떨어졌다. 총대출 집중도도 이 기간 62.0퍼센트에서 61.9퍼센트로 소폭 내려갔다. 은행처럼 예금·대출 업무를 하는 저축은행까지 포함하면 은행 집중도는 더 떨어진다. 과점 체제가 심각하다고 볼 수준은 아니다. 독과점 판단에 대한 주무부처인 공정거래위원회가 '시장 지배적 사업자'로 판단하는 기준은 상위 1개 사업자의 시장 점유율이 50퍼센트 이상이거나 상위 3개 점유율이 75퍼센트 이상일 때다. 따라서 은행업은 독과점 시장으로 볼 수 없으며, 은행에 대한 대통령이나 금융감독원장의 공격성 비판은 과도하다.

더구나 국민·신한·하나·우리·농협 등 한국의 5대 시중은행은 금융 개혁 정책 차원에서 정부가 통폐합을 주도해온 결과물이다. 한국의 시중은행은 1997년 외환위기 직전 26개에 달했다. 하지만 정부가 나서 구조조정을 하면서 매각 정리와 인수합병(M&A)을 진행했다. 지금은 지방은행까지 합쳐 12개로 줄었다. 과점 체제를 무너뜨리고 은행업 문을 더 연다고 서민의 은행 접근이 쉬워지고 금융 부담이 줄어든다는 보장도 없다. 4개 대형 은행이 주축인 미국 은행들의 수익률(ROA, 총자산이익률)은 한국보다 훨씬 높다.

【 반대 】

시장 나눠 먹기로 매년 막대한 수익
은행도 경쟁하게 해야 소비자 이익 늘어

한국의 은행들은 앉아서 막대한 수익을 내고 있다. 최근 한국은행이 고공 행진하는 물가(인플레이션)와 고환율(원화 가치 하락)에 대응하기 위해 부득불 금리를 올리는 와중에 은행만 배를 불리고 있다. 고금리로 전체 경제의 부담이 크지만 고물가에 대응하고 자본 유출을 막기 위해 어쩔 수 없이 금리를 올리는데, 높은 예대마진(예금 금리와 대출 금리의 차)에 따른 수익을 은행만 누린다. 농협을 제외한 4대 은행이 2008~2022년 낸 순이익은 94조 6,000억 원에 달한다.

이 수익은 금융 산업의 혁신이나 신경영으로 낸 게 아니다. 과점 체제의 구조적 이점을 누리며 큰 경쟁 없이 쉽게 번 돈이다. 그 돈으로 성과급 잔치를 벌이고 희망퇴직자에게 통상의 퇴직금 외에 수억 원까지 얹어줬는데, 6억~7억 원은 예사고 평은행원이 최대 10억 원의 퇴직금을 받은 사례까지 있다. 경쟁 없는 시장 나눠먹기 식의 과점 구조에 근본 문제가 있는 것이다. 이 틀을 바꿔야 한다. 은행이 그러니 지주회사의 우산 아래 함께 묶인 보험·카드사들도 일반 직장에서 생각하기 어려운 수준의 성과급 잔치를 따라 벌인다.

금융감독원이 실태조사를 마치는 대로 정부 차원의 보완대책이 필요하다. 오죽하면 대통령까지 나서 문제를 제기하고, 금융감독원장은 "은행이 약탈적이라고 볼 수 있는 방식의 영업을 하고 있다"고 질타했겠나. 독과점 체제는 자유로운 경쟁 시장 발전을 막는 독이다.

은행 숫자가 늘어나면 경쟁 효과를 볼 수 있다. 대출 금리부터 가급적 낮춰 소비자 유치 경쟁을 할 것이고, 이윤(예대마진)을 적게 해서라도 고객 잡기에 더 적극적으로 나설 것이다. 보유 자산의 효율화를 시도하면서, 금융 혁신에도 더 많은 노력을 기울일 것이다. 좁은 국내 시장에 안주하지 않고 해외 진출도 꾀하지 않을 수 없다. 정부 눈치나 보는 해묵은 관치에서 벗어나려는 노력까지 하게 될 것이다.

【 생각하기 】
'완전 경쟁' 어려운 분야
인터넷·기능별 은행 늘려 경쟁 촉진시킬 때

은행업의 특성 가운데 하나가 자산을 비롯한 외형이 클수록 수익성이 높아질 수 있고 금융업의 최대 핵심인 건전성을 이루기 쉽다는 점이다. 미국, 일본 등지에서도 금융업에선 대형 인수합병이 많았다. 다른 제조업이나 서비스업과 달리 '완전 경쟁'이 말처럼 쉽지도 않고, 가장 바람직한 것도 아닌 측면이 있다. 더구나 은행은 정부가 면허증을 직접 발급해주는 몇 안 되는 허가업종이다. 국가적 경제위기가 닥쳐 은행이 도산하면 국민경제에 막대한 피해를 주기 때문에 정부가 마구 늘릴 수도 없다. 또 투입되는 공적자금은 전부 국민 세금에 기대게 된다. 그럼에도 경쟁 없는 과점 체제의 부작용이 너무 크고, 그에 따른 이익을 은행 종사자들만 누린다는 것도 문제다. 정책이 그만큼 중요한 분야다. 인터넷전문 은행 등을 더 늘려 경쟁을 촉진하고, 은행의 허가 방식을 바꿔 부문별·기능별로 특화된 은행을 늘리는 것도 대안이 된다.

공항 야간 비행에 소음부담금 늘리는 정부, 적절한가?

2023년 3월, 정부가 야간에 운항하는 항공기에 소음부담금을 대폭 올리겠다고 나섰다. 국토교통부의 '공항 소음 대책 개편 방안'에 따르면 항공사의 부담금은 최대 세 배로 치솟는다. 대상은 인천공항을 비롯해 전국 6개 공항이다. 항공업계의 걱정과 반발이 적지 않다. 코로나 충격이 특별히 컸던 항공사로서는 이제 겨우 영업 정상화를 도모하는 상황에서 예상치 못한 부담이 커졌다. 우선은 노선을 운영 중인 각 항공사 부담이 되겠지만, 결국은 항공 승객과 화물주에게 돌아갈 것이다. 반면 항공기 이착륙에 따른 소음 피해가 적지 않았다며, 적절한 보상이 필요하다고 주장해온 공항 인근 주민에겐 득이 된다. 지금까지 받아온 지원은 냉방시설 설치, 전기료와 TV 수신료 지원 정도여서 부족했다는 것이다. 소음부담금 추가 올리기, 적절한가.

[찬성]

심각한 소음 공해, 야간엔 더 문제
원인 유발 항공사가 주민 지원 확대해야

공항 주변에서 일상생활을 해보지 않으면 소음 공해가 얼마나 큰지 모른다. 거대한 제트 항공기가 이착륙할 때 나는 엔진음은 굉음에 가깝다. 더구나 야간에는 더 심해 정상적인 수면이 어려울 정도다. 해외 여행이 보편화됐고, 경제도 발전하면서 정기 여객편은 물론 화물기의 왕래도 많이 늘었다. 주간만으로 이동 승객과 늘어나는 항공 물동량을 소화하기 어렵다 보니 이제는 야간 비행편도 적지 않다.

소음이 문제라고 모든 항공편을 주간에만 운행하라고 할 수도 없는 노릇이다. 인천·김포 같은 곳은 낮 시간대 운행도 이미 포화 상태에 이르렀다. 불가피하게 야간에도 항공기가 내리고 떠야 한다면 보상이라도 확대해줘야 한다. 공항 인근의 직접 피해자에 대한 경제적 보상은 그런 차원에서 불가피하다. 그간 공항 주변의 소음 등급은 5등급으로 나뉘어 항공기마다 착륙료(자동차로 치면 주차비용)의 10~25퍼센트를 받고, 오후 11시~오전 6시의 야간 이착륙기에는 이보다 두 배를 받았다. 이번에 국토교통부가 마련한 개편안은 이 등급을 13등급으로 세분화하고 부담금도 착륙료의 최대 30퍼센트로 늘린다는 것이다. 결국 항공사 부담은 최대 5퍼센트포인트 증가한다. 다만 야간 할증 시간대가 오후 7시~오전 7시로 5시간 늘어나면서 심야 시간대에 따라 최대 세 배까지 더 늘어나기도 한다. 야간 시간대에 할증돼 늘어나는 소음부담금은 가급적 징수한 공항 주변 지역에 쓰도록 한다.

이렇게 하는 취지는 기본적으로 항공사에 대해 최대한 주간에 항공기를 운항하도록 유도하면서 소음이 적게 나는 항공기(신형)를 가급적 조기에 도입하도록 촉구하는 것이다. 또 공항 주변의 불만을 줄이기 위해 현금 지원(가구당 연간 23만 원에 세대원 1명당 10만 원 추가 지원, 4인 가구 연간 73만 원 지원)도 신설한다. 이렇게 되면 소음에 따른 보상이 어느 정도는 가능해질 수 있다.

【 반대 】

항공업계 코로나 충격에서도 못 벗어나
소음 알고 지은 주택에 왜 과한 보상 하나

예기치 못한 코로나 쇼크로 경제적 손실을 가장 많이 입은 산업이 항공·여행업이다. 항공사들이 근 3년간 지속된 최악의 침체 국면에서 이제 겨우 벗어나려는 판에 비용 부담이 추가되면 경영 정상화는 더욱 멀어지게 된다. 더구나 항공편을 최대한 확대해 늘어나는 항공 수요에 부응해야 하는데 야간 운행을 가급적 억제하라는 게 제대로 된 정책인가. 주간 운행을 유도한다지만 비행 가능한 주간 시간대는 이미 꽉 찬 경우도 적지 않아 증편 여력도 없다. 더구나 야간의 입출국 편은 항공편의 종합적인 수요와 이륙 시간, 목적지의 시간대까지 두루 고려해 운용하는 것이어서 한국에서의 시간대만 볼 수도 없다.

소음부담금은 지금도 지원하고 있다. 여름철 창문을 닫아 소음을 줄이게끔 피해 가구에 냉방시설을 해주고 있고, 그에 맞춰 연간 20만 원까지의 전기요금과 별도 3만 원의 TV 수신료도 지원해준다. 그런데도 현금 지원으로 전환한다면, 소음부담금까지 그 숱한 포퓰리즘 기반의 복지 정책에 끼워 넣겠다는 것인가. 더구나 4인 가구에 매년 73만 원의 현금을 주면서 사용처 제한도 없고 별도의 증빙자료(영수증)마저 내지 않아도 된다면 그냥 인기성 현금 살포와 다른 게 뭔가. 이 모든 부담이 당장은 항공업계 짐이지만 결국 이용객 부담으로 전가될 것이다.

공항 간 국제 경쟁, 한국 공항의 국제 경쟁력도 감안해야 한다. 부담금만 자꾸 늘어나는 한국 공항이라면 여객기든 화물기든 국제 항공업계에서 외면받을지 모른다. 항공업계의 입장이 충분히 반영돼야 마땅하다. 더구나 많은 경우 공항 주변의 주택은 공항이 가동된 이후, 즉 항공 소음을 인지하면서도 세워진 경우가 다수다. 기존 주택지에 도로를 새로 만드는 경우와는 인과 관계로 볼 때 완전히 다르다는 얘기다. 냉정하게 보면 기존에 있던 활주로 소음에 대해선 무조건 책임질 필요가 없다. 부담금 세분화 자체가 부담금을 늘리려는 꼼수다.

소음 피해 줄여야 하지만 '정책은 타이밍'
결국 승객·화주에 전가될 것

현대 사회에서 소음 논란은 곳곳에서 발생한다. 아파트와 같은 공동주택에서의 층간소음이 대표적이다. 철도나 공항 주변의 교통소음도 실제 당사자에겐 예사 문제가 아니다. 신설되는 고속화 자동차 도로와, 예전에 건설된 철도 주변에 차단벽이나 소음 저감 시설이 추가되는 것도 소음 문제에 대처하는 정부와 지방자치단체의 노력이다. 그렇다고 정부 예산 동원 방식이 아니라 부담금 늘리기로 직행하는 것은 손쉬운 행정이라는 비판을 받을 수 있다. 더구나 코로나 충격에서 항공업계가 겨우 힘겹게 벗어나려는 판이다. '정책은 타이밍'이라는 점에서 볼 때, 과연 적절한 시점인지 의구심도 들 만하다. '수익자 부담 원칙'에서 본다면 항공업계에 보상 지원을 늘리라고 얘기할 수도 있겠지만, 그래봤자 그 부담이 승객과 화물주에 전가되는 것도 시간문제다. 어떤 경우든 영수증 증빙을 요구하지 않는 현금 살포는 지양할 필요가 있다.

예금자보호한도 최소 1억 원으로 확대, 타당한가?

2023년, 한동안 잠잠했던 예금자보호한도 상향 문제가 또 관심사가 됐다. 같은 해 3월에 미국 실리콘밸리은행(SVB)이 파산한 게 계기다. 금융권은 물론 국회에서도 재빠른 논의가 뒤따라 주목받았다. 여야 국회가 5,000만 원인 예금자보호한도를 올려야 한다는 문제에선 모처럼 한목소리를 냈다는 게 이례적이었다. 그만큼 절실해졌다는 얘기다. 하지만 제도를 바꾸는 게 말처럼 쉬운 일이 아니다. 경영 상태나 자산운용 사정이 나쁜 금융회사가 건전성 관리보다 '고위험 돈장사'에 나설 가능성도 있고, 자산과 돈의 흐름에 급격한 쏠림이 나타날 수도 있다. 예금자들의 도덕적 해이도 가능하다. 하지만 경제 규모가 커졌고, 예금 자산도 늘어난 데다, 금융위기 가능성에 대비해 올려야 한다는 지적이 만만찮다. 최소 1억 원으로 올리자는 예금자보호한도 확대 주장, 타당한가.

【 찬성 】

GDP 3배 늘어도 22년째 '제자리'
신종 '디지털 뱅크런' 대비해야

금융위기 여부를 떠나 경제 규모가 커진 점을 감안해야 한다. 예금자보호한도는 2001년 2,000만 원에서 '일괄 5,000만 원'으로 올라간 뒤 22년째 그대로다. 한국의 1인당 국내총생산(GDP)은 2001년 1,493만 원에서 2022년 4,267만 원(추정치)으로 세 배가 됐다. 금융권의 부실 자산 증가와 급증한 가계부채가 문제로 보이지만 금융 자산도 네 배나 늘어났다. 그런데 예금자보호한도는 그대로다. 큰 덩치에 맞지 않는, 작고 낡은 옷을 입은 격이다.

해외 주요국과 비교해도 너무 적다. 미국의 예금자보호한도는 25만 달러(약 3억 3,000만 원), 일본 1,000만 엔(약 1억 원), 유럽연합(EU)도 10만 유로(약 1억 4,000만 원) 정도다. 1인당 GDP와 비교해도 한국은 1.3배에 그친다. 미국(3.33배), 일본(2.27배), 영국(2.26배), 독일(2.18배)보다 많이 떨어진다. 국제통화기금(IMF)이 권고하는 예금자보호한도 기준(1인당 GDP의 1~2배)을 겨우 맞추는 수준이다.

더구나 우크라이나 전쟁과 함께 심화된 글로벌 공급망 이상으로 인플레이션이 심각하다. 그에 대한 해법 차원에서 고금리 기조가 이어진다. 신뢰를 바탕으로 안정 분위기에서 성장·발전하는 금융 시장의 변동성이 커지면서 금융 산업이 위기에 노출돼 있다.

미국 SVB 뱅크런 사태는 167년 역사를 자랑하는 스위스의 두 번째 민간은행인 크레디트스위스(CS)의 좌초로 이어졌다. 독일 최대 은행인 도이체방크(Deutsche Bank)까지 위기설에 휩싸였다. 스위스 은행에서 코코본드(Contingent convertible Bond, 조건부 전환사채)가 부실해지면서 독일 은행이 위기에 전염된 것이다. 안전 둑을 강화하는 등 사전 준비를 해야 할 상황이다. 최고의 안전 대책으로 금융 시장에 안정 심리를 심어주려면 예금자보호한도를 높여야 한다. 더구나 지금은 '휴대폰(디지털) 뱅크런'으로 예금 인출이 순식간에 일어나는 시대다. SVB 사태를 보면 이런 '소리 없는 예금 인출'은 밤낮을 가리지 않는다. 뱅크런 조짐이 나타나기 전에 예방이 중요하다.

【 반대 】
5,000만 원 이하 예금 98퍼센트, 실제 효과 적어
보험료 인상에 금융권별 '돈쏠림' 우려

예금자보호한도를 올리는 게 말처럼 간단하지 않다. 무엇보다 금융사의 보험료 부담이 커질 수밖에 없다. 인상되는 보험료는 금융 소비자에게 전가될 것이다. 은행, 생명보험, 손해보험, 저축은행, 금융투자사, 종합금융사가 공공기관인 예금보험공사에 낸 보험료가 2022년 한 해에만 2조 2,089억 원에 달했다. 은행의 보험료만 1조 2,645억 원이다. 한도가 1억 원으로 오르면 늘어나는 보험료는 수백억 원에 달한다. 이 보험료는 예금자가 부담하는데, 예금보호 혜택은 고액 금융 자산가에게 집중될 가능성이 높다. 은행이 파산해도 이미 보호 대상인 5,000만 원 이하 예금자 비율이 전체의 98.1퍼센트(2022년 9월 말 기준)에 달한다. 서민에겐 혜택이 적은 정책이다.

금융회사의 '도덕적 해이'를 부추길 가능성도 있다. 예금자보호한도를 높이면 경영이 부실하고 자산운용 능력이 떨어지는 소규모 금융회사로도 예금이 늘어날 수 있다. 이런 금융사들은 위험을 무릅쓰면서 자산을 운용하게 된다. 예금자보호제도가 고위험의 무리한 '돈장사'를 부추기는 결과를 낳는 것이다. 예금자도 금융회사 사정과 역량이야 어떻든 금리만 좇아갈 수 있다. 보험 제도의 맹점을 이용하는 전형적인 도덕적 해이다. 나아가 금융권역별 자산 이동과 금융기관 간 쏠림 같은 현상도 예상할 수 있다. 가뜩이나 고금리인데 예금자보호한도가 올라가면 주식·채권에 투자된 자금이 일반 저축예금이나 은행으로 급격하게 쏠릴 수 있고 그에 따른 부작용이 만만찮아진다.

금융업종별로 수신(예금 받기) 경쟁이 과열되면 그 여파로 예금금리가 오르면서 대출 금리까지 함께 오르는 부작용도 생긴다. 그렇잖아도 가계대출이 사상 최대 수준이다. 대출 이자 부담 증가는 불경기에 심각한 독이 된다. 2022년 하반기 국내 자금 시장이 경색되자 은행채 발행이 어려워진 은행이 자금 유치를 위해 예금 금리를 올렸고, 이로 인해 대출 금리까지 덩달아 올라 비상이 걸린 적이 있다.

【 생각하기 】
해외 주요국보다 낮아 개선 필요
금융권별 보장 차별화도 보완책

미국-스위스-독일로 은행 위기가 퍼지자 금융 시장 안정 차원에서 예금자보호한도 올리기가 급부상했다. 하지만 예금자보호제도 개편 논의는 이전부터 있었다. 2022년 3월 금융위원회가 한도 증액을 추진했는데, 정권이 교체되면서 유야무야된 것이다. 커진 경제 규모에 맞는 옷을 입어야 할 때가 된 만큼 세부 각론에서 다양한 지적을 담을 수 있다. 가령 은행·보험·증권 등 금융 업권별 차별화, 정기예금을 중심으로 한 금융 상품별 한도 세분화 같은 것도 유효한 보완책이 될 것이다. 그러면 최대 문제점으로 지적되는 도덕적 해이도 어느 정도 예방할 수 있다. 예금자보호법을 개정해 한도를 일단 올려놓고, 하위 시행령에서 금융 시장 여건을 봐가면서 탄력적으로 유연하게 운용하는 게 해법이라는 주장도 있다. 어느 쪽이든 국회가 여야 구별 없이 제도 개선을 위해 한목소리를 내는 것은 바람직하며, 이를 적극 활용할 만한 상황이다.

추경예산 남발하는 지자체,
중앙정부가 더 통제해야 할까?

장기화되는 불경기로 세금이 눈에 띄게 적게 걷히면서 정부 재정이 어려워졌다. 윤석열 정부가 건전재정·긴축재정을 내걸었지만, 지출 증가를 최대한 억제하겠다는 것일 뿐 예산 규모를 줄이기는 어려운 일이다. 복지 예산 등은 한 번 도입하면 줄이기가 사실상 어렵고, 고정적으로 나가는 지출(경상경비)도 손대기 어렵다. 세금이 덜 걷히면 적자 국채를 발행하는 수밖에 없는데, 늘어나는 국가 채무는 적색 지대로 들어서고 있다. 이런 와중에 2023년 5월, 지방자치단체들이 추가경정예산을 짜면서 지출을 확대했다. 추경에는 불요불급 선심성 예산도 적지 않다. 지방교부금 배정 방식 변경, 지방 재정 준칙 제정 같은 주장이 나온 배경이다. 지자체 살림을 중앙정부가 더 적극적으로 통제해야 한다는 주장은 타당한가.

난맥상의 지방 행정, 재정이 핵심
위기 극복하려면 지방 재정도 고삐 쥐야

지방 행정의 난맥상이 심하다. 그 핵심이 방만한 지방 재정 관리다. 재정 자주도와 재정 자립도는 여전히 낮은데도 돈 쓰려는 곳은 늘어간다. 모두 중앙정부에 의존하려고만 할 뿐 자체적인 재원 확보, 재정 건전성 제고 노력은 드물다. 선거 한 번 치를 때마다 반복·심화되는 선심성 지출 정책은 자체 브레이크도 없다.

자치 제도가 다르기는 하지만, 미국이나 일본 등의 지자체가 파산하는 사례를 눈여겨볼 필요가 있다. 부실 지자체가 아무것도 못하는 상황은 남의 나라 일이 아닐지도 모른다.

이제 한국 지자체도 달라져야 한다. 스스로 자립·독립하고 자율성을 확보해야만 살아남을 수 있을 것이다. 그렇지 못하면 지방 소멸, 구체적으로는 부실한 지자체부터 없어지는 극단적 상황이 앞당겨질 것이다.

기획재정부에 따르면 2023년 5월 초, 17개 광역단체 가운데 12곳이 2023년도 예산의 추경을 편성했다. 정부가 지방재정법에 따라 내국세의 19.24퍼센트와 종합부동산세를 지방교부세로 내려주면서 비롯된 일이다. 가만히 있어도 전년도에 많이 걷힌 국세의 상당 부분이 내려가니 이를 다 써버리기 위해 예산 집행 계획을 다시 짜는 것이다.

12개 광역시가 당초 짜둔 예산은 총 115조 원가량인데, 추경을 통해 4조 5,517억 원(4퍼센트)을 더 쓰려고 한다. 매년 내국세의 20.79퍼센트를 각 지방교육청에 무조건 보내는 지방교육재정교부금과는 완전히 별개의 돈이다.

이러니 지자체나 지방교육청으로 가면 건전재정의 중요성을 제대로 인식하지 못한다. 인구 감소 시대, 지방 인구는 더 심각하게 줄고 있다.

그런데도 지출은 그대로다. 그나마도 의미 있는 사업에 제대로 사용을 못하고 있다. 중앙정부가 기존의 통제 제도를 강화해 건전재정의 고삐를 바짝 쥐어야 한다. 지방 재정이 부실해지면 모두 정부가 책임져야 하는 만큼 자치행정을 담당하는 행정안전부와 나라 살림을 책임지는 기획재정부가 감시를 강화하면서 제도 보완에 적극적으로 나설 때다.

【 반대 】
무원칙 재정 지출 남용, 중앙정부가 더 문제
재정 간섭으로 자치행정 흔들어선 곤란

중앙정부가 지자체 재정을 나무랄 처지가 전혀 못 된다. 과도한 지출로 국가 재정을 위험 지경으로 몰아간 것은 중앙정부다. 문재인 정부 때는 정부 지출이 특히 늘어 5년간 연평균 재정 증가율이 8.7퍼센트에 달했다. 이 기간에 경제 성장률이 2퍼센트대 중반이었던 것과 비교하면 정부 지출이 얼마나 과도했는지 알 수 있다. 매년 정부 예산안이 나올 때마다 초(超)·슈퍼(super)·팽창 재정이라는 평가가 이어졌다. 적자 국채 발행도 서슴지 않았다. 지출은 현세대가, 빚 갚기는 다음 세대가 하라는 식이었다. 그 결과 중앙정부 채무가 1,000조 원을 넘어섰다. 후임 윤석열 정부가 건전재정, 긴축재정을 외치며 허리띠를 죈다고 하지만 늘어난 지출 구조는 쉽게 기조를 바꾸지 못하고 있다.

이런 판에 지자체에만 긴축을 요구하고 지출을 줄이라고 강요할 수 있나. 정부가 모범을 보인 뒤에나 할 요구다. 더구나 2023년 5월에 지자체들이 편성한 추경은 법에 따라 지방교부세가 지급되기에 이를 쓰기 위한 것이었다. 지방교부세가 많다는 정책적 판단이 있다면 먼저 법을 바꿔야 한다. 진짜 문제가 되는 것은 시·도나 시·군·구에 가는 일반 교부금이 아니라 학생은 없는데도 무작정 늘어나는 교육교부금이다. 수십조 원씩 쌓여 있는 이것부터 개혁해야 한다. 지방 재정 자립도가 낮은 것도 지방 탓이 아니라 대부분의 주요 세금을 국세로, 즉 정부가 징수하는 한국의 세금 제도 요인이 크다. 재정 자립도를 비판하려면 주요 세목을 지방세로 돌리는 입법이 선행돼야 한다.

수도권을 제외한 대부분 지역이 위기다. 인구는 줄고 경제도 활력을 잃고 있다. 정부든 지자체든 지방에 재정을 더 쏟아야 한다. 추경 정도가 아니라 근본적으로 지방 재원을 더 확대해야 할 시기다. 모처럼 자치행정이 뿌리내리는 판에 정부가 또 미주알고 주알 간섭하려 해선 안 된다.

【 생각하기 】

넘쳐나는 교육교부금이 특히 문제
건전재정, 정부가 솔선수범할 때

중앙정부는 세수(稅收)가 줄고 있는데 지자체는 추경 편성으로 지출을 쉽게 늘려간다면 문제다. 더구나 '지출 늘려 잡기 예산'이 법에 따라 기계적으로 배분되는 교부금(교부세) 때문이라는 점, 특히 각 지방교육청에는 별도로 과도한 교부금이 갈 수밖에 없다는 사실을 감안할 때 제도 개선이 필요하다. 다만 지자체도 어느 정도 자치행정 권리는 있다. 더구나 진짜 재정 대란을 걱정할 곳은 중앙정부. 국가재정법 개정으로 재정 준칙의 법제화를 요구하는 대상도 정부다. 선심성 지출, 포퓰리즘 복지 논란도 일차적으로 정부가 문제다. 물론 지자체가 이런 나쁜 행정을 따라가서는 곤란하다. 이대로 가면 중앙과 지방의 자율행정, 균형행정은 어렵게 된다. 지자체의 자율적 건전재정 노력은 더욱더 기대하기 어렵다. 지자체는 스스로 자제하지 않으면 중앙의 간섭을 자초한다는 사실, 지자체끼리 생존 경쟁을 해야 하는 시대라는 점을 잘 인식할 필요가 있다.

기업의 자사주 소각,
법으로 강제하는 게 옳을까?

2023년 6월, 정부가 기업이 보유한 자기 회사 주식(자사주)을 강제로 소각하도록 하는 방안을 추진하면서 기업들이 긴장했다. 금융위원회가 연초 '2023년 업무보고'에 '자사주 취득·처분 공시 강화 등 제도 개선'을 포함한 것이 발단이었다. 취지는 소액주주 이익 지키기, 주주 이익 환원, 기업 지배력을 키우기 위한 대주주나 경영진의 악용 방지 등이다. 반면 법으로 기업의 자사주 매각을 강제하는 것은 재산권 침해일뿐더러, 소액주주 배려 차원의 주가 상승론은 현실과 떨어진 탁상공론이라는 반론도 만만찮았다. 기업사냥꾼과 행동주의를 표방한 기업 공격 펀드가 갈수록 급증하는 상황에서 한국 기업의 사실상 유일한 경영권 방어 수단이 없어진다는 차원에서의 반대도 있다. 과잉 입법 논란이 커지는 자사주 강제 소각 법제화, 어떻게 볼 것인가.

주주 가치·주가 올려 소액주주 이익
경영진·대주주 '꼼수 지배력 강화' 방지

자사주의 매입·소각은 대표적인 주주 친화적 방안이다. 시장에서 유통되는 자기 회사 주식을 기업이 직접 사들이면 주가 상승 요인이 된다. 주식 시장이 발달하는 가운데 증시 활성화가 자본 시장 발전과 기업의 자본 조달에 도움이 된다는 측면에서 좋은 선택이다. 증시의 주식 분석 잣대인 주당순이익(EPS)이나 자기자본이익률(ROE)도 개선될 수 있다. 한국 증시가 국제적으로 저평가받고 있다는 이른바 '코리아 디스카운트'를 해소하는 계기가 된다. 주가 부양 효과가 있어 일반 소액주주 '개미'에게도 도움이 된다.

　회사 경영진이나 대주주(지배주주)가 의도적으로 자기 회사에 대한 지배력을 키우려는 '꼼수'도 방지할 수 있다. 경영진과 대주주가 개인 돈으로 자사주를 매입하는 것이 아니라, 회삿돈으로 자사주를 사들여놓고 주주총회에서 자기 주식처럼 지분으로 활용하는 경우가 적지 않다. 자사주 소각을 의무화하면 이런 우회적인 지분 확대를 막을 수 있다. 보유가 아니더라도 자사주를 우호 그룹에 매각해 기업의 주요 의사결정을 자기에게 유리한 방향으로 유도하거나, 자기 돈을 투자하지 않고 지배주주의 지분을 확대하는 사례가 없지 않았다. 이런 경우 자사주 매입에 영향력이 큰 지배주주와 이런 의사 결정권 밖의 소액주주 간 이해가 충돌한다. 이런 불균형을 막자는 취지다.

자본시장연구원 조사를 보면 미국 같은 곳에서는 기업이 자사주를 매입하면 대부분 소각한다. 그 결과 주가가 오르면 소액주주는 약간의 배당보다 더 큰 금전적 이익을 누리게 된다. 하지만 한국에서는 자사주 소각 기업이 2퍼센트를 조금 웃도는 수준이다. 보유 자사주를 취득 목적과 달리 처분해도 현행 법규로는 문제가 되지 않는다. 주주 가치 제고 차원에서 자사주를 사들인다고 공시하고도 얼마든지 달리 활용할 수 있는 것이다. 이런 폐단을 제도로 막자는 것이다.

【 반대 】

'자사주 소각 = 주가 상승' 미입증 가설
투기자본·행동주의 펀드 먹잇감 돼

자사주를 소각하게 하면 주가가 오른다는 주장부터가 탁상공론이다. 전국경제인연합회 조사에 따르면 2022년 말 기준 매출 상위 100대 기업의 보유 자사주는 31조 5,000억 원가량이다. 유가증권 시장 전체로는 52조 2,638억 원에 달한다. 기업들이 강제 매각 등 자사주 정책의 큰 변화나 규제 강화에 대비해 이 물량을 주식 시장에 내다 팔 경우 주가가 하락해 소액주주는 엄청난 손해를 본다. 이를 팔지 않더라도 자사주 소각은 일시적으로 단기 효과를 낼 뿐 주가는 소각 이전으로 회귀하는 경향을 보인다. 자사주를 소각하면 발행주식 감소로 EPS가 상승하지만, 소각한 금액만큼 주식이 사라져 기업 가치도 줄어든다.

경영권 방어 문제도 심각하다. 주요 선진국들과 달리 한국 기업에는 적대적 인수합병에 대비한 경영권 방어 장치가 없다. 자사주가 유일한 방어 수단이다. 미국 대부분의 주와 일본 회사법 등에는 차등의결권 포이즌 필(poison pill, 신주 인수 선택권) 같은 대주주 및 경영진 보호 제도가 있다. 외부 세력의 적대적 기업 인수 시도에 맞설 유일한 대응책마저 없애버리면 국내 기업을 우리 스스로 해외 투기자본의 먹잇감으로 내모는 결과가 된다. 가뜩이나 경제도 어려운데 기업이 영업 활동과 직접 관련도 없는 경영권 방어에 거액의 비용을 들이게 하고 심적 부담까지 안게 해서는 안 된다.

법제화되면 소급 적용될 가능성도 있다. 일정 처분 기간을 줘도 이미 보유 중인 주식을 강제로 소각하라고 법제화할 경우 기업의 재산을 박탈하는 소급 악법이 된다. 일정 시점부터의 자사주 소각이어도 주가를 하락시켜 기존 소액주주 재산권을 침해한다. 과거 과세 판례를 봐도 자사주는 기업의 재산일 뿐이다. 사고팔아 이익이 나면 과세해온 것이다. 사유재산은 국가가 보호할 의무가 있다. 부분적 문제를 보면서 자산 취득과 처분의 자유를 뺏는 것은 과잉 입법이고, 명백한 규제다.

【 생각하기 】

한국에선 유일한 경영권 방어 수단
보완책 병행, 도입하더라도 기업 자율 유도로

자사주 소각 의무화의 명분이나 지향점에는 장점도 있다. 하지만 기업 고유의 재산이라는 점, 많은 기업이 스스로 배당 확대나 자사주 소각으로 주주 환원 경영을 적극적으로 펴나가고 있다는 사실도 중요하다. 일반 주주를 중시하는 경영은 기업 평판 높이기, 소비자 확대, 비재무적 요소인 환경·사회·지배구조(ESG) 평가에서 사실상 필수이기 때문이다. 따라서 도입하더라도 세제 혜택 등 인센티브를 내세우고 기업 자율에 맡기는 게 바람직하다. 다른 접근법은 기업의 최대 고민 가운데 하나인 경영권 방어 수단을 도입하면서 함께 논의하는 것이다. 차등의결권, '황금주'(보유 주식의 수량·비율에 관계없이 기업의 주요 경영 사안에 거부권을 행사할 수 있는 주식), 포이즌 필 등 경영계가 오랫동안 시행을 원해온 경영권 방어 수단이 많다. 기업을 위험에 빠뜨리고 자본 시장을 흔들 수 있는 제도는 신중하게 접근해야 한다.

경제에도 '1원 1표' 아닌 '1인 1표' 논리를 적용할 수 있을까?

2023년 6월, "1원 1표의 시장 논리 함정에 빠지지 않고 1인 1표의 진정한 민주주의를 지켜야 한다"는 문재인 전 대통령의 말이 화제가 됐다. 영국에서 활동 중인 한국인 교수가 쓴 책을 추천하며 쓴 글이었다. 반(反)시장, 반기업 이데올로기를 설파하는 것이냐는 비판이 이어졌다. 정치, 즉 선거에서는 누구나 1인 1표다. 보통·평등·직접·비밀선거의 큰 원칙이다. 반면 경제에서는 예컨대 지분에 따르는 게 기업 유지의 전제조건이면서 경영의 원칙이다. 부실기업 처리 등 채권의 행사와 귀책사유 문제에서도 대출 금액에 따라 차등적으로 의사 반영이 달라진다. 말하자면 1원 1표다. 지분·자본금, 대출금·채권액 크기에 따라 권리와 의무 모두 차등화된다. 이를 부정하는 경제에서의 1인 1표 주장, 근거가 있을까?

격차 해소 취지, '결과의 평등' 가치 봐야
쏠림 키우는 신자유주의 제동 의지

수요와 공급을 중시하고 자유경쟁을 기반으로 하는 시장이 효율적인 것은 부인할 수 없다. 하지만 그 결과를 볼 필요도 있다. '시장 체제의 경제학'은 완전경쟁을 전제로 한다. 하지만 완전경쟁시장은 이론적 모델일 뿐 현실에서 존재하는 것도 아니다. 수요와 공급 원리노 가격 셜성 구조를 설명하고, 재원의 효율적 배분에 유효한 것은 사실이다. 문제는 그로 인해, 그 결과로 생기는 경제적 격차와 불균형의 심화다. '시장의 실패' 현상도 자주 빚어진다. 자산과 소득에서의 격차가 커지면서 양극화로 치닫는 것은 현대 사회의 큰 문제다. 효율을 중시하는 자유시장의 부작용이라고 볼 수 있다.

흔히 결과의 평등이 아니라 기회의 평등이 중요하다고 한다. 하지만 기회의 평등이 모든 것을 합리화할 수는 없다. 나아가 현실적으로 기회가 모두에게 공정하다고 하기도 어렵다. 결국 정부가 다양한 방식으로 시장에 개입해야 한다. 공산주의 사회가 아닌 이상 결과까지 평등을 강제할 수는 없지만, 어느 정도 공정한 배분이 이뤄지도록 국가 기능을 키워야 한다. 그런 기능과 역할에서 정부가 중요하다. 그래야 기술, 자본, 인력, 수익 등 모든 면에서 앞서가는 대기업으로의 쏠림도 막을 수 있다. 1원 1표 시스템을 내버려두면 격차는 심해진다. 확장재정, 복지 프로그램 강화도 그런 철학을 바탕에 두고 있다.

경제학을 전문가에게만 맡겨선 안 된다는 주장도 마찬가지다. 기존 경제학자들은 대개가 1원 1표라는 금전적 다수결에 기대고 있다. 역시 그 결과는 불평등 심화다. 그러니 이런 경제가 아니라 '정치경제'를 할 필요가 있다. 과거에는 국가 주도의 계획경제가 있었고, 현대에도 그 정도까진 아니라도 '정치경제'를 하는 나라가 있다. 1원 1표라는 말 자체보다 이를 통한 지향점과 추구하는 가치·철학을 볼 필요가 있다.

【 반대 】

시장에서까지 1인 1표는 정치적 선동
마차가 말을 끄는 소득주도성장, 양극화 심화

경제와 시장에서까지 1인 1표, 즉 모든 참여자에게 동등한 자격을 부여해야 한다는 주장은 엉터리다. 포퓰리즘 차원을 넘어 저급한 정치적 선동이다. 정치·선거에서 1인 1표만큼이나 당연하고 역사적으로 검증된 경제 운용의 원리가 1원 1표다. 지분율·채권액 등에 대한 차이를 인정하면서 모든 시장 참여자가 스스로의 선택과 행위에 책임지게 하는 시장경제의 원칙이다. 그런 원리로 자원이 가장 효율적으로 배분·활용돼왔다.

경제 전문가 배제론 역시 무책임하다. 진짜 전문가를 배제한 소득주도성장으로 인해 문재인 정부 때 경제적 양극화가 더 심해졌다. 소득에서만 격차가 벌어진 게 아니었다. 잘못된 시장 개입으로 집값을 다락같이 올려 부동산 양극화마저 극심했다. 그때 만든 부동산 임대차 3법도 전셋값만 폭등시켰을 뿐 지금의 역전세난에는 속수무책이다. 약자 지원을 명분으로 삼았지만, 정부 지출을 확대하는 팽창재정으로 단기간에 나랏빚만 급격히 늘렸다. 1,000조 원이 넘는 국가 채무는 미래 세대가 갚아야 한다. 노동약자를 위한다며 급히 올린 최저임금은 자영업자와 중소기업에 부담을 줬고 청년들에게는 일자리 감소라는 고통을 안겼다. 오죽하면 문재인 정부 때 요직을 맡았던 좌파 성향 경제학자조차 '말이 아닌, 마차가 말을 끄는 식'이라고 비판을 했나. 경제를 경제 전문가가 아니라 감성과 감정에 맡겼을 때 어떤 결과가 나오는지 확인한 게 지난 정권 5년의 교훈이다.

드러내놓고 '정치경제'를 하자고 들면 기업과 산업의 혁신도 막는 결과가 된다. 그 당시 '타다금지법'으로 택시의 혁신적 서비스를 막았고, 재벌을 응징하고 규제한다는 바람에 삼성전자가 대만 TSMC에 밀리게 됐다. 세계 반도체 대전에서 한국이 쫓기는 것도 빗나간 정책과 무관치 않다. 선동 정치가 개입하지 않아야 경제가 성장하고 시장도 성숙한다.

【 생각하기 】

경제도 1인 1표라면 세금도 빈부 없이 같이 내나
성장·혁신, 자원 배분 원리 봐야

현대 민주주의는 선거를 빼고 말하기 어렵다. 양자는 서로 성과이
자 요인이다. 1인 1표는 정치의 핵심인 선거에 적용된다. 이 원리
에 따라 구성원 모두 대등한 권리로 정부를 구성하고 국가 권력
을 만든다. 경제 문제도 이 원칙에 입각한 민주 정부와 합법적 국
가 권력으로 풀어나간다. 경제에서조차 1인 1표라면 논리적으로
는 부자나 그렇지 않은 경우나 세금도 똑같이 내야 한다. 저소득
층이라고 각종 복지 혜택을 더 주는 것도 이상해진다. 그런 식으
로 가면 경제만이 아니라 국가가 붕괴된다. 경제를 '정치경제'로
만들어 1인 1표의 원시적 공산화를 지향하면 번영과 혁신은커녕
성장 자체가 어렵다. 물론 양극화와 격차 해소, 사회적 약자 지원
강화, 생산적·선별적 복지의 정착은 외면할 수 없는 현대 국가의
큰 과제다. 선진국 사례를 봐가며 충분히 풀 수 있다. 구호와 달리
1인 1표 주창자들이 소득과 자산 분배를 더 악화시킨 것도 역설
적 사실이다.

경제부총리의 라면값 인하 압박, 타당한가?

2023년 6월, 추경호 부총리 겸 기획재정부 장관이 라면값 인하를 압박하는 발언을 공개적으로 했다. 뒤이어 농림축산식품부가 나서 밀가루 가격 인하를 압박했다. 국제 밀 가격(2023년 6월 기준)이 1년 전보다 50퍼센트 떨어졌다는 점을 근거로 제시했다. 앞서 "세금 좀 올렸다고 주류 가격 올리냐"며 주류업계를 압박한 지 넉 달 만이다. 라면값에는 밀가루뿐 아니라 급등한 인건비·물류비·에너지 비용 등 여러 가지가 반영되는데, 정부가 시장의 개별 상품 가격에 간섭·개입하는 게 적절하냐는 논란이 뒤따랐다. 더구나 윤석열 정부는 '시장'과 '자유'를 외쳐왔다. 물론 인플레이션이 경제에 미치는 부담이 상당히 큰 것은 사실이다. 2024년 4월에 예정되어 있는 총선 때문에 정부가 다급해진 것일까. 경제부총리의 라면값 인하 압박, 어떻게 볼 것인가.

【 찬성 】

국제 밀 가격 떨어지는데 라면은 왜 오르나
서민에 더 충격 주는 고물가, 정부 '관리' 나서야

코로나 쇼크에 글로벌 공급망 이상이 겹치면서 인플레이션이 세계 각국에서 심각한 문제가 됐다. 미국과 중국의 대결이 심화하면서 반도체 부문을 중심으로 촉발된 글로벌 공급망 재편은 식량과 에너지 가격까지 급등시켰다. 우크라이나 전쟁도 큰 악재였다. 인플레이션 대응책으로 미국은 충격을 무릅쓰고 급격하게 금리를 올렸다. 인플레이션은 정부가 걷는 '제2의 세금'이라고 할 정도로 국민 전체에 무차별적으로 충격을 준다. 경제 취약 계층엔 더욱 가혹하다. 그래서 통상 각국 정부는 고물가에 동원할 수 있는 정책을 총동원한다.

라면이든 무엇이든 경제부총리가 급등 요인을 살피고 대응책을 내놓는 게 당연하다. 특히 라면은 서민, 청년, 노인층 등에게 주식에 가까울 정도로 일상적인 생활 품목이다. 이런 상품의 가격 변동을 들여다보지 않는다면 정부의 존재 이유가 무엇인가. 근래 라면값이 급등한 과정과 해당 업계의 늘어난 이익도 살펴볼 필요가 있다. 2022년 9월께 국내 라면업계는 원자재 가격과 임금 상승을 이유로 제품 가격을 9.7~11.3퍼센트 올렸다. 대표업체 중 한 기업은 2021년에도 6퍼센트 가까이 인상했는데 1년 만에 또

11퍼센트나 올렸다. 라면 5개 포장 상품이 4,000원에 달한다. 경제가 어려울수록 서민 식품인 라면 수요는 늘어나는데, 라면 먹기도 부담이다.

반면 라면업계 이익은 많이 늘어났다. 이런 상황에서 주요 원자재인 밀가루 가격이 1년 새 50퍼센트가량 떨어졌으니 제품값에 반영하라는 촉구는 문제 될 일이 아니다. 장바구니 체감 물가로 보면 서민은 생활이 어려울 정도다. 통계로는 소비자물가가 3~4퍼센트대 올랐지만, 식품류는 그보다 훨씬 높다.

유통망 점검, 사재기 단속 등과 함께 수급 시스템을 잘 봐야겠지만 그것만으로 정부 일이 끝나는 게 아니다. 다수 국민이 정부에 '물가 관리를 하라'고 하지 않나. 그런 여론을 봐도 정부는 가격 급등 상품과 서비스에 대해 적극적으로 나서야 한다.

【 반대 】
밀 가격, 라면값 반영에 6개월 소요
강압·타성적 물가 관리 효과 없고 부작용

정부의 시장 직접 개입은 부작용을 남길 수밖에 없다. 실익도 없다. 라면업계가 당장은 정부가 무서워 가격을 내리지만 얼마나 갈까. 부총리가 한마디했으니 여차하면 국세청이 세무조사에 나설 수 있고, 공정거래위원회도 가만히 있지 않을지 모른다. 어느 정부 할 것 없이 자주 봤던 모습이다. 물론 정부는 고물가가 부담스럽다. 적정 수준을 넘는 인플레이션은 경제에 충격을 주고, 특히 서민을 더 힘들게 한다. 그렇다고 미국처럼 금리를 마구 올리는 인플레이션 대응 정공법도 쓰기 어렵다. 한국의 식량과 에너지는 대부분 수입품이어서 우리 의지만으로 국제 가격에 대응하기 쉽지 않다. 그래도 가격 개입은 곤란하다.

이명박 정부 때 대통령까지 나서서 유가 개입을 했지만 결과는 석 달간 1리터당 100원 내리는 정도에 그쳤다. 당시에도 "국제 유가는 내렸는데 국내 기름값은 왜 그만큼 내리지 않느냐"며 정유 회사와 주유소 때리기에 나섰다. 하지만 '비즈니스 프렌들리 정부'라던 정부 평판만 나빠졌다. 비싼 유가는 기름값의 50퍼센트를 넘는 세금이 더 큰 원인이었다. 라면업계는 국제 밀 가격이 떨어져도 국내 밀가루값에 바로 반영되지 않고, 6개월가량 시차도 있다고 하소연한다. 밀 가격이 내려도 이전보다는 여전히 높다. 최저임금이 오르면서 전체 임금이 함께 상승한 점 등 다른 인상 요인도 있다.

윤석열 정부는 '자유'와 '시장'을 강조해왔다. 가격은 시장 자율에 맡기고, 담합 행위나 사재기 같은 시장 교란 행위를 막는 데 주력해야 한다. 정부의 고유 권한인 세금 정책도 좋다. 라면업계만 때리면 다른 수많은 상품과 서비스 가격은 어떻게 할 작정인가.

일일이 개입한다면 공산국가처럼 국가 주도의 계획경제를 시행하는 셈 아닌가. 정부가 주력할 것은 공공의 군살 빼기, 저금리로 인한 거품 빼기, 생산성 혁신 여건 조성, 노조의 막무가내 임금 투쟁 저지 등 경제 살리기다.

【 생각하기 】

'보이지 않는 손' 무시하면 시장이 보복
물가 잡으려면 정부 지출 줄여야

한쪽에선 '물가 관리에 손 놨나, 무능한 정부냐', 다른 쪽에선 '정부가 왜 개별 상품 가격에 개입하나, 그럴 거면 공기업 관리나 잘하라'고 한다. 경제 정책을 총괄하는 기획재정부도 힘들 것이다. 그래도 '완장'을 내세워 주먹을 휘두르고 싶은 유혹은 참아야만 한다.

문재인 정부 때 전기요금을 올리면 가계에 부담된다고 인상 요인을 반영하지 않아 한국 최대의 공기업 한국전력을 최악의 상황으로 몰아넣은 전례가 있음을 기억해야 한다.

부총리의 라면값 개입에 한국은행 총재까지 "정치적 말씀"이라며 둘러 비판했다. 고물가 대책이 '가격 관리·통제'라는 과거의 타성적 대응에 머물렀던 것이다.

라면값을 끌어내리면 잠시 박수는 받겠지만 억지 개입은 근본 대책이 못 된다. 정부가 '보이지 않는 손'(가격 시스템)을 무시하고, '보이는 주먹'(행정권)을 선택할 경우 시장은 어떤 보복(부작용)을 할까. 국제결제은행(BIS)은 "물가 잡으려면 정부 지출 줄이라"며 돈 풀기 자제를 권고했다.

정부가 개별 기업 '총수'를 직접 지정해도 될까?

한국에만 있는 유별난 대기업 규제가 있다. 매출, 자산, 이익, 직원 수 등 기업을 평가하는 여러 요소 중 자산을 기준으로 5조 원, 10조 원 이상인 기업을 '대기업집단'으로 지정해 여러 가지를 제한하는 제도, 이른바 재벌 규제다. 중소·중견기업이 성장해 자산총액 5조 원이 되면 '공시대상기업집단'이 돼 67개 규제를 새로 적용받는다. 기존 규제까지 합치면 규제 수는 217개로 늘어난다. 자산 10조 원을 넘겨 '상호출자제한기업집단'에 지정되면 계열사끼리 투자(출자)나 빚보증이 금지되는 등 58개 규제가 추가된다. 기업집단을 지정하면서 정부가 '총수(동일인)'도 특정한다. 2023년 6월, 윤석열 정부가 '그룹 회장'이 없는 개별 기업에 총수 지정 기준을 분명히 정하면서 기존 규제를 계속하겠다고 발표했다. 다섯 가지 기준을 새로 만든 공정거래위원회의 총수 지정 및 규제는 현대에 맞는 기업 정책인가.

실질적 기업 지배자에 경영 책임 물어야
총수 기준 명문화, 진일보 공정 정책

요즘은 흔한 명칭이 아니지만, 한국의 기업집단에는 총수(그룹 회장)가 있었다. 기업 지분이 가장 많고 실질적으로 주된 경영권을 행사하는 사람이다. 회장직은 가족에게 주로 승계된다. 기업 경영 결과에 책임도 지지만, 경우에 따라서는 권한만 행사하고 그에 따른 책임은 제대로 지지 않기도 했다. 그럼에도 그룹 회장이라며 공개적으로 총수 역할을 하면 책임을 묻기가 쉬웠다. 직책이 모호한데 권한만 행사하는 경우도 있었다. 심지어 글로벌 대기업에서 사내 직책은 없으면서 인사와 투자 등 경영 전반에 걸쳐 전권을 행사하는 사례도 있다.

 2023년 6월에 공정위가 발표한 것은 대기업집단의 대표자로 '동일인(총수)'의 기준을 분명히 정했다는 것이다. 총수와 가족 및 주변 특수관계인들에 대한 일감 몰아주기 배제, 사업 현황과 보유 지분 신고·공시 강화 등으로 기업의 투명성과 공정성을 확립하자는 차원이다. 그러자면 그룹 회장·총수 같은 직책을 분명히 하지 않는 대기업의 실질적 경영자에 대해서는 공정위가 자체 기준으로 정하고 규제할 수밖에 없다. 기준은 기업집단 최상단 회사의 최다 출자자, 최고 직위자, 경영에 대해 지배적 영향력을 행사하고 있는 자, 회사 내·외부적으로 대표자로 인식되는 자, 동일인 승계 방침에 따라 기업집단의 동일인으로 결정된 자 등 다섯 가지다. 기준은 정부가 정했지만, 국내 기업계(재계·경영계)가 관행적으로 해오던 것을 행정 법규로 명문화했을 뿐이다. 이 원칙에 따라 동일인, 즉 책임자를 명확하게 하는 것이다.

이렇게 기준을 명문화하면 제도의 불확실성이 개선되고 과거처럼 정부가 그때그때 임의로 총수를 지정하는 일이 없어진다. 그룹 회장 같은 직책을 가지지 않은 채 대기업의 경영 일체를 좌우하고 일감 몰아주기 같은 편익을 취하는 행위를 방치할 수는 없다. 공정거래법이 존재하는 한 정부는 이런 노력을 기울여야 한다.

【 반대 】
'동일인 강제 지정' 한국에만 있는 규제
글로벌 시대, 덩치 크다고 규제 더 하나

대기업집단의 경영 대표를 정부가 지정한다는 것부터가 시대에 뒤떨어진 관치다. 글로벌 스탠더드에 맞지 않는 규제다. 오죽하면 한국에만 있는 대기업 규제여서 '한국형 갈라파고스 규제'라고 하겠나. 기업 덩치가 커졌다고 추가로 수십 개의 족쇄 규제를 채우는 나라는 한국뿐이다.

자산 10조 원 이상이면 상호출자제한기업집단으로 지정돼 본격적으로 대기업 규제를 받는데, 규제 수준도 과도하다. 계열사 간 서로 여유 자금으로 투자하는 행위(상호출자·순환출자), 빚(채무)보증 금지는 기본이다. 대상도 삼성·현대자동차·LG·SK 같은 대기업만이 아니라 네이버·셀트리온 같은 '신설 혁신 기업'까지 포함됐다.

간판 대기업들은 해외 매출 비중이 80~90퍼센트에 달하는데 왜 국제적으로 통용되지도 않는 기준으로 국내에서 규제하고 간섭하나. 타당한 근거가 없다.

총수 지정제를 포함한 대기업집단 지정제는 37년 전 기업의 문어발식 사업 확장을 막고, 소수에 경제력이 과도하게 집중되는 것을 견제하기 위해 도입된 구시대 제도다. 그때는 기업 경영이 투명하지 못해 필요성이 있었을지 모른다. 하지만 그사이 경제 환경, 사회의 성숙도, 기업 여건이 모두 급변했다. 주요 영업이 해외에서 많이 일어나는 것은 물론이거니와, 총수를 비롯한 대주주 감시 및 견제 장치도 많이 다양해졌다. 감사위원 분리 선출, 의결권 제한, 다중대표소송 등이 모두 그런 것이다. 부당 지원 행위에 대한 감시도 한층 엄해졌다. 경제력 집중도 크게 완화됐다. 국내에서는 대기업이라지만 이들이 치열한 경쟁을 벌이는 국제 기준으로 보면 '구멍가게'인 곳도 많다.

삼성은 애플과, 현대자동차는 도요타, 테슬라 같은 해외 거대기업과 생사를 걸고 경쟁하고 있다. 그런데 국내에서 계열사 정보와 공시 누락 혐의로 고발당해 툭하면 총수가 조사받는 게 한국 현실이다. 이런 상태로 어떻게 무한의 국제 경쟁에서 이기나. 기업이 커졌다는 이유만으로 규제하는 구시대적 기업 정책은 끝내야 한다.

【 생각하기 】

100대 기업, 해외 매출 50퍼센트 이상 37년 된 '대기업집단 제도' 수명 다해

국내 10대 기업의 해외 매출 비중은 64퍼센트에 달한다(2020년 기준). 100대 기업으로 봐도 해외 매출 비중은 50퍼센트가 넘는다(2022년 기준). 그렇게 해외로 나아가는 데 한국에만 있는 규제가 기업 발목을 잡는다.

수십 년 낡은 규제를 쥐고 있으면서도 쿠팡 김범석 회장 같은 경우엔 이 기준을 적용할 수도 없다. 그가 외국인이기 때문이다. 김 회장을 이 규제로 묶으라는 게 아니라, 우리끼리의 한국형 족쇄로 나라 밖에서 돈 버는 기업인을 규제할 이유가 없다는 얘기다.

총수로 지정되면 먼 친인척의 사업 현황과 보유 지분까지 신고해야 한다. 이걸 누락하면 2년 이하 징역 또는 1억 5,000만 원 이하 벌금형을 받을 수 있다. 총수로 지정되는 순간 새 규제를 받고, 형사 처벌 대상도 된다.

오히려 혁신에 성공한 성장 기업을 지원해야 한다. '아버지-남편-아들' 중심으로 국가가 법으로 공인했던 호주제가 폐지된 이유와 과정을 돌아볼 필요가 있다.

공기업의 지역 인재 채용 할당제, 문제는 없나?

수시 채용 기업이 늘어나고 있지만, 여전히 대학교와 고등학교 졸업 예정자들에겐 연례행사와도 같은 정기 채용이 매우 중요하다. 공공기관의 경우엔 채용도 정부 시책에 따를 수밖에 없다 보니 정책이 중요하다. 지역 균형 발전 차원에서 정부는 지방 이전 공기업 등에 대해 일정 비율 이상 해당 지역 인재를 채용하도록 의무화했다. 기업 이전만으로는 정체된 지방을 살리기에 부족하고, 현지 채용까지 해야 효과가 있다는 판단에서다. 전국 각지 혁신도시로 본사를 옮긴 공기업은 해당 소재지의 고교 및 대학 출신 중에서 30퍼센트 이상을 뽑아야 한다. 그러다 보니 이런 지역 인재 전형 합격자의 89퍼센트가 같은 대학 출신인 경우까지 나왔다. 신입 사원 채용이 특정 대학 동문회처럼 되면서 쏠림 현상이 심화되고 있다. 특정 학교 편중을 심화하는 지역 인재 채용 의무 할당제, 이대로 둬도 될까.

【 찬성 】

고령화·청년 급감 지방 살리기 일환
인구 소멸 시·군 89곳, 제도 취지 살려야

아직까지는 제도 도입의 초기 단계인 만큼 지역 인재를 의무적으로 일정 비율 이상 채용하도록 한 제도의 근본 취지에 주목해야 할 때다.

지방 인재 활용을 확대하자는 이 제도를 왜 도입했나. 서울과 수도권을 제외한 각 지역은 인구 급감과 그에 따른 경제 위축 문제가 심각하다. 인구 소멸 지역으로 행정안전부가 적시한 기초지방자치단체(시·군)가 89곳에 달할 정도다. 서울과 지방의 격차는 웬만한 정책으로는 회복이 어려울 정도로 벌어져 있다.

그래서 노무현 정부 때는 범정부 차원에서 공기업 및 공공기관의 본사를 각 지역으로 내려보내 지역 활성화를 꾀했다. 하지만 공기업을 내려보내도 간부들은 서울에 가족을 둔 채 본인만 지방에서 생활하며 지역경제 활성화에 기여하지 못하는 경우가 허다했다. 그나마도 주중에만 머물고 주말에는 서울로 가버려 토요일, 일요일엔 혁신도시가 유령도시처럼 어두워졌다.

이 때문에 정부가 아예 신입 사원 채용 때 지역 출신자를 강제로 뽑도록 한 것이다. 지역에서 공부한 인재를 중용하자는 취지에서다. 그러면 과도하게 몰리는 서울 진학 현상도 크게 완화될 것이라는 기대까지 더해졌다. 전남의 한국전력공사, 전북의 국민연금공단, 대구의 한국가스공사 등에서 지역 출신 인재를 많이 채용해왔다.

정부는 '혁신도시 조성 및 발전에 관한 특별법'을 통해 2018년 18퍼센트를 시작으로 2022년 30퍼센트에 달할 때까지 단계적으로 지역 인재 채용 비율을 높여왔다. 30퍼센트 이상이라는 중간 목표에 도달하면서 지역 출신자들이 다소 많은 경우가 나타나지만, 이제 정책적 효과가 발현하려는 단계일 뿐이다.

지금 제도를 다시 흔들어버리면 이중간한 상태에서 당초 취지가 유야무야될 공산이 크다. 지방 소멸 위기를 넘기려면 지역 학교 출신자를 우선으로 뽑는 것은 불가피하다. 오히려 더 늘려 뽑아야 한다. 그래야 서울로 진학하는 학생 수가 줄고, 수도권과 지방의 불균형 자체도 개선된다.

【 반대 】

지방의 특정 대학, 기업 내 파벌화 우려
세무대 폐교·경찰대 폐지론 이유 생각해봐야

전북 지역으로 이전한 국민연금공단에서는 2020~2022년 지역 인재 전형 대졸 합격자 142명 중 112명(79퍼센트)이 전북대학교 출신이다. 광주·전남 지역의 한국농어촌공사 같은 경우 43명 중 32명(74퍼센트)이 전남대학교 출신, 한국전력공사는 337명 중 203명(60퍼센트)이 전남대학교 출신이다. 대구의 한국가스공사는 이 3년간 지역 전형 합격자가 64퍼센트, 신용보증기금은 64퍼센트에 달했다. 임직원 500인 이상의 공공기관 19곳 중 지역 인재 전형 합격자의 비율이 절반을 넘어선 곳이 13곳이나 된다.

지역의 대학 숫자가 뻔하다 보니 이런 결과가 나온 것이다. 국가적 사업을 담당하는 공공기관의 인적 구성이 특정 대학 동문회나 동아리 모임처럼 되어선 안 된다. 가뜩이나 공조직의 치명적 문제점인 파벌이 조성되기에 충분한 환경이다. 지금은 신입 사원들이어서 그런 위험성이 덜하지만 시간이 지나 이들이 중견 간부 이상이 되면 한국 특유의 '끼리끼리' 폐쇄적·배타적 동문 문화가 심각한 문제점을 야기할 것이다.

정부가 국립으로 세무대학을 세웠다가 없애버린 선례를 돌아볼 필요가 있다. 과거 정부는 국세청에 필요한 세무 전문 인력을 국가 예산으로 길러내겠다는 취지로 세무대학을 세웠다. 이는 육·해·공군 사관학교 설립 취지와 비슷하다. 하지만 국세청의 근간인 조사국 등으로 배치된 세무대학 출신들이 강력한 '세력'으로 커진 데다, 교육비를 본인이 부담하면서 세무공무원이 되려는 청년이 여전히 많은 점까지 감안해 논란의 세무대학을 결국 없애버렸다. 경찰 내 강력 '계파'처럼 된 경찰대학에 대한 폐지 여론도 같은 차원이다.

좋은 일자리가 제한된 시대에 청년세대에 대한 기회는 균등하게 보장해주어야 한다. 더구나 청년 백수가 여전히 많은 상황에서 '공정과 개방'은 유보할 수 없는 가치다. 지역 인재 채용이 지역 내 불균형을 초래하고 그 안에서 쏠림 현상까지 부채질한다는 지적에 귀 기울여야 한다.

【 생각하기 】

충청·영남·호남권 광역화도 대안
유학생 수용해 인재 귀환 유도를

도입 취지는 살리되 유연성 있는 제도 운영이 절실하다. 가령 지역 인재를 채용하되 지역의 범위를 좀 더 확대하는 것도 방법이다. 영남권·충청권·호남권으로 크게 보며 이 중에서 교차 지원·채용이 가능하게 광역화하면 특정 대학의 쏠림 현상은 크게 완화될 수 있다.

지역에서 출생한 뒤 초등학교나 중·고교까지 졸업한 경우라면 서울 소재 대학 진학자라도 응시 기회를 줘야 인재의 지역 귀환이 가능해진다. 이 경우 공부와 학문, 대학 선택의 자유는 보장하되 지역으로 인재 유턴을 촉진하는 셈이다. 요컨대 지역 인재를 너무 대학 소재지 기준으로 획일화하지 말자는 것이다.

　어떤 경우든 순혈주의나 파벌 형성은 조직의 건전한 발전을 저해한다. 블라인드 채용 방식을 시행하더라도 현행 제도에서는 특정 대학의 쏠림을 막기 어렵다는 인사담당자들의 고충에 주목한다면 유연한 제도 운영이 시급해 보인다.

50년 넘은 미술품의 해외 판매 금지, 합리적일까?

한국에는 제작된 지 50년이 넘은 미술 작품의 해외 반출을 제한하는 법이 있다. 이 규정은 1962년에 제정된 문화재보호법(제39조, 제60조)과 그 시행령에 명시돼 있다. 문화재청이 관할하는 법으로, 문화재청 산하의 심의위원회를 거쳐 승인을 받으면 반출이 가능하지만, 기본적으로 미술품의 반출을 막기 위해 만든 법이다. 이 법 때문에 김환기, 이중섭, 장욱진 같은 한국 현대미술 거장들의 명품이 국제 미술품 시장에 내걸릴 수가 없다. 2023년 10월 11~15일 동안 영국 런던에서 개최된 세계 최대 규모의 아트페어 '프리즈 마스터스'에 참가하려던 국내 굴지의 한 화랑도 이 법 때문에 한국 유명 조각가의 작품을 국제 무대에 선보이지 못했다. 문화재 규제가 '문화 쇄국'을 만들면서 한국 예술의 세계화를 가로막는 것이다. 국내 미술품의 국제 시장 판매 제한, 정당성·합리성이 있나.

고급 문화재 보호 차원
한국 작가의 명작·걸작 국내 향유 유도

국내 미술품의 해외 반출을 막는 문화재보호법의 근본 취지를 살펴볼 필요가 있다. 해외 판매 자체를 원천적으로 막는 게 아니라 전문가로 구성된 심의위원회의 판단을 거쳐 판매하게 한다. 아예 막는다기보다 제한을 가하는 정도다. 원래 이 법의 근본 취지는 국보와 보물 등 '지정문화재'를 잘 보호하자는 데 있다. 그러다가 그림·조각 같은 '일반동산문화재'를 포함시켰다. 큰 틀에서는 한국의 문화재를 한국인들 손이 바로 닿는 곳에서 보호하자는 의지가 깔려 있다.

해외에도 이런 사례는 있다. 아르헨티나 같은 나라에서는 현존 작가의 해외 전시 자체가 허가제다. 작가 작품의 해외 판매, 수출을 위해서는 정부 승인이 필요하다. 걸작 예술 작품의 무차별적 해외 유출은 국가의 자산 유출이고, 외화 반출이라는 측면도 있다. 경제적으로 어려운 나라에서 이런 일이 투명하지 않은 회계로 상습화된다면 결과는 어떻게 될지 고려해볼 필요가 있다. 미술 작품까지 값비싼 가격에 해외로 다 나가버리면 국내 문화예술계는 황폐화할 수 있다.

걸작 그림과 명품 조각 등을 다양하게 보유·전시하는 유명 미술관이나 박물관이 해외에는 상당히 많다. 경제 선진국일수록 문화적으로도 선진국인 경우가 많기 때문이다. 하지만 한국 국민들이 모두 손쉽게 해외로 나가서 그런 작품을 감상하는 문화적 향수를 누릴 수 있는 것은 아니다. 사실 이 법은 해외 여행이 자유롭지 않고, 보편적이지도 않을 때 제정됐다. 그래서 시대 변화에 기민하고 유연하게 부응하지 못한 측면이 있다.

그럼에도 역사적·학술적 가치가 높은 전통 문화재와 마찬가지로 예술적·문화적 가치가 높은 미술 작품을 최대한 국내에서 보관하고 지키는 장치를 두는 것은 의미가 있다. 행여 좋은 작품이 높은 가격에 유혹돼 줄줄이 해외로 나가버리면 국내의 많은 미술관·박물관·기념관은 다 무엇으로 채울 것인지도 생각해볼 일이다.

【 반대 】
'K-미술 세계화' 막는 낡은 법 바꿔야
예술의 해외 진출은 문화 선진국의 길

국제 미술품 시장 규모가 갈수록 커진다. '프리즈 서울'도 세계인의 관심 속에 국제 아트페어로 자리 잡아가고 있다. 국내 시장도 커지고 있지만, 국내에만 머문다면 반쪽 성장이다. 한국 작품이 해외 무대에서 잘 판매되는 것이 제대로 된 국제적 평가를 받는 길이다. 제정된 지 60년이 넘은 문화재보호법이 국내 작품의 해외 아트페어 참가를 제한하면서 'K-미술의 세계화'를 가로막고 있다. 2023년 10월 런던에서 열린 '프리즈 마스터스'에서도 한국 작가 작품의 국제 진출이 다시 한번 막혔다.

세계 최고의 아트페어인 이 행사에서는 수백 년에 걸친 근·현대 유명 작가들의 걸작이 미술 애호가들의 비상한 관심 속에 국경에 구애받지 않고 거래됐다. 하지만 한국은 '판매용 반출 제한' 규제 때문에 참여하지 못했다. 이중섭, 김환기, 장욱진 등 유명 작가의 작품은 아예 출품하지 못했다. 서울의 한 유명 갤러리는 다른 저명 작가의 1962년 작품을 이 행사에서 선보이려 했으나 문제의 규제 때문에 포기해야 했다. '제작 50년'이라는 반출 제한 기준도 근거가 없다. 왜 50년인지, 합리적인 설명이 없다. 그냥 50년이다. 같은 작가의 1974년 작품은 해외 무대에 나갈 수 있고, 1973년 작품은 불가능하다는 게 이성적·상식적인가. 런던 행사에서 다양한 작품이 소유주의 국적을 뛰어넘으며 세계인의 관심 속에 '명품 중의 명품'으로 한층 격을 높여간 것을 보면 '한국형 갈라파고스 규제'라고밖에 볼 수 없다.

이제는 바뀌어야 한다. 좁은 국내 시장을 넘어 '가격 보상'이 제대로 이뤄지고, 국제적 평가·인정도 충분히 받을 때 많은 한국 작가가 세계 미술계에 우뚝 설 수 있다. 그럴 때 인재들이 예술 창작에 더 몰두한다.

국보·보물 같은 지정문화재가 아닌 일반동산문화재에 대해서는 융통성 있게, 유연하게 대응할 필요가 있다. 해외 수집가가 한국 작품을 구입해 좋은 미술관에 잘 전시한다면 그 자체로 문화적 국위선양이다.

【 생각하기 】

이건희 컬렉션엔 환호하면서 '문화 쇄국'
K-팝, K-드라마 어떻게 성장했나

해외로 내보내지 않으려는 폐쇄 규제는 한국 문화예술계의 숙원인 국제 무대 진출을 가로막는다. 세계적 명품을 폭넓게 수집한 '이건희 컬렉션'에는 환호와 탄성을 보내면서 해외의 큰손 수집가가 한국 걸작에는 손도 못 대게 하는 것은 사리에 맞지도 않고 균형감도 없다.

'문화계 갈라파고스 규제'로 미술가 등 문화예술인들을 국내에만 붙잡아둬선 안 된다. 문화와 예술에 대한 제대로 된 보상도 없이 어떻게 창의적인 작가들을 길러낼 수 있겠나. 선진국에 진입한 국가라면서 '국내 시장'만 강요한다면, 역량을 갖춘 청년들이 전문적인 직업 예술인의 꿈을 계속 가꾸어갈 수 있을까. '문화 쇄국'

에 빠진다면 한국 예술의 미래는 밝지 않을 것이다.

한류 붐을 단단히 일으킨 K-팝, K-드라마 모두 부단한 국제화로 이만큼 성장했다. 좋은 작품이 해외로 판매된다고 해서 없어지는 것도 아니다. 오히려 더 좋은 무대에서 명작 대접을 받으며 한국을 빛낼 수도 있다.

불황, 고물가, 연준의 고금리 정책 속에서
한국은행도 금리 올려야 할까?

경기가 나쁘면 정부는 다양한 사업으로 돈을 풀고, 중앙은행은 양적완화로 이런 정책에 보조를 맞춘다. 이때는 금리가 내려간다. 반대로 시중에 돈이 많이 풀렸거나 경기 과열, 인플레이션이 분명할 경우 중앙은행은 돈을 거둬들인다. 금리 인상이 단행되는데, 자금 시장에서 선제적으로 올라가기도 한다.

한국 경제는 장기 침체 와중에 고물가에 직면해 있다. 불황을 생각하면 금리 인하가 자연스럽고, 고물가를 생각하면 금리를 올려야 한다. 미국 연방준비제도이사회(Fed)가 인플레이션 대처로 코로나19 때 풀었던 막대한 자금을 거둬들이면서 고금리로 가는 것도 변수다. 증권 시장의 자금 이탈, 고환율을 막으려면 미국을 쫓아 금리를 올려야 한다. 하지만 경영이 어려운 기업과 빚 많은 가계에 고금리는 부담이다. 한국은행은 금리를 올려야 할까?

【 찬성 】

저금리 유지 땐 외자 이탈·고환율·고물가
풀린 돈이 야기한 부동산 거품 해소도 절실

충격적이었던 코로나19를 타개하기 위한 대책으로 각국은 경쟁적으로 돈을 풀었다. 한국도 예외가 아니어서 정부가 나서 온갖 명목으로 돈을 풀었다. 유례없는 초저금리가 장기간 계속되면서 적지 않은 부작용을 초래했다. 돈이 돈 가치를 잃게 됐고, 미덕으로 여겨졌던 저축 심리도 많이 사라졌다. 코로나19 충격기에는 돈 풀기와 저금리가 불가피한 선택이었다고 해도 이제는 금융을 정상화해야 한다. 돈이 가치를 잃는 것의 다른 측면이 고물가다.

물가가 오르는 데는 억지로 끌어올린 최저임금 등 임금 요인과 국제 지정학적 변화에서 비롯한 원자재 가격 인상 요인 등이 겹친다. 그래도 가장 큰 원인은 과도하게 풀린 돈이다. 미국에서는 코로나19가 이어지던 3년 동안 1조 3,000억 달러가 풀려나갔다는 추정치도 있다.

하지만 미국은 기민하게 금리를 올리면서 '양적완화'라는 명목으로 나간 돈을 빠르게 거두어들이고 있다. Fed가 무섭게 금리를 올리는 게 그렇다. 한국도 다를 바 없다. 한국에서 집값이 과도하게 급등한 것도 저금리에 따른 현상이다. 서울 일부 지역에서는 공급 부족이라는 수급 불균형 탓도 있지만, 시중에 돈이 넘치고 저금리로 대출이 쉬워지면서 집값을 자극했다.

실물 자산에 낀 거품을 해소하지 않으면 건실한 경제 성장이 어렵다. 금리를 올리면 단기 급등한 부동산 거품이 자연스럽게 해소된다. 자산 거품은 근로소득의 상대적 가치를 떨어뜨려 근로 의지를 꺾는다는 점에서도 적기 해소가 바람직하다.

미국이 앞서 금리를 올려나가는 판에 한국이 저금리를 고수하면 자본의 해외 이탈이 나타날 수 있다. 그렇게 외국인 자금이 빠져나가면 한국은 주식 시장부터 충격을 받을 것이다. 주식 시장의 급락은 개인 투자자들 손실로 이어지면서 경제 전체에도 악영향을 미친다. 자금 이탈은 통상 고환율을 초래한다. 고환율은 에너지·식량 등 수입품 가격을 올려 물가 상승을 초래한다. 피해는 서민과 취약 계층에 집중된다. 저금리를 고수하면 정부·기업·가계 모두의 빚이 더 늘어나 '부채 공화국'을 심화시키게 된다.

【 반대 】

불황에 금리 인상, 한계기업·서민에 부담
소비·투자 위축 불러… 줄도산 땐 큰 손해

경제 주체들의 부채가 급격히 늘어난 상황에서 금리를 많이 올리면 이자 부담으로 경제가 한층 나빠진다. 막대한 재정 적자와 국가 채무로 가뜩이나 운신의 폭이 좁은 정부부터 제한된 예산을 빚 갚는 데 더 많이 투입해야 한다. 일본이 논란의 와중에도 저금리를 오래 유지하는 데는 금리가 오를 경우 정부가 갚아야 할 이자가 너무 많아진다는 점도 크게 작용하고 있다. 기업은 더하다. 한계산업과 부실기업이 많아 고금리가 되면 많은 회사가 줄도산하게 된다. 코로나19 충격 속에서도 기업들이 무너지지 않고 유지되도록 정부가 도와왔는데 지금 파산을 하게 되면 그에 따른 부담이 너무 크다. 아무리 기업의 구조조정이 필요하다고 해도 적절한 출구전략을 마련해두지 않은 상황에서 단시일 내에 줄도산 사태가 빚어지면 막대한 처리 비용은 누가, 어떻게 조달하나. 한국의 기업부채는 2,705조 원(2023년 6월 말 기준)에 달한다. GDP 대비 비율이 121.4퍼센트로, 글로벌 금융위기(99.6퍼센트)와 외환위기 (113.6퍼센트) 때를 웃돈다.

고금리는 수많은 기업과 사업자에게 이자 부담을 키우면서 경제를 더 나쁘게 할 것이다. '빚투', '영끌'에 나선 개인들의 대출 문제도 마찬가지다. 주식 시장에는 빚으로 미국 주식을 사들인 '서학개미'도 적지 않다. 대출을 한껏 내서 내 집을 사들인 20~30대도 많다. 1,800조 원을 넘어선 가계대출 역시 우리 경제의 심각한 뇌관이다. 이미 장기간 경제가 좋지 않은 터에 금리가 치솟으면 개인의 이자 부담이 늘어나고, 제때 이자를 갚지 못하는 대출자가 늘어나면 은행 부실로 이어질 것이다. 은행의 대출 자산이 부실해지면 결국 공적 자금(혈세)을 투입해야 할 상황이 빚어질 수도 있다.

고금리로 이자 부담이 늘면 개인들의 소비 감소와 투자 위축 등 내수도 움츠러든다. 이래저래 경제가 악순환의 덫에 빠지게 된다. 미국과 금리 차가 2퍼센트포인트 벌어진다고 해서 우려할 정도의 자금 유출이 빚어진 것도 아니다. 부동산 프로젝트파이낸싱(PF) 영역 등에서의 줄도산은 더 큰 손해로 이어진다.

【 생각하기 】
'빚투'·'영끌' 부작용 보며 실기 않는 게 중요
한은, 본연의 역할 해야

미국은 금리를 올릴 때도 화끈하게, 내릴 때도 충격적이라 할 만큼 확실하게 내린다. 시장의 작동 메커니즘을 한껏 존중하고 활용하기 때문에 시장 참여자들도 그렇게 인식하고 각자의 행동 역시 그에 맞춰서 한다. 자연히 떼법, 정서법이라는 숫자로 밀어붙이는 집단주의적 탈법·초법적 요구는 통하지 않는다. 미국에서도 종종 포퓰리즘 정책과 과도한 '대중 정서 살피기' 행보가 나오지만 금융과 경제가 대개 예측 가능한 대로 움직이는 이유다.

한국은행은 금리를 결정하는 문제에서 얼마나 독립적·전문적이며 그에 대한 책임을 제대로 지고 있는지 돌아볼 필요가 있다.

금융통화위원회의 형식적 자율성이 전부는 아니다. 개인들의 '빚투'와 '영끌' 실상을 보면서 그런 부채가 더 늘어나지 않게 하는 게 중요하다. 특정 계층만 의식하기보다 전체 경제가 살아나게 하는 쪽으로 금리 정책을 운용해야 한다.

사과 가격 급등해도 수입 제한, 바람직한가?

2023년 11월, 사과값이 치솟아 '금(金)사과'가 되면서 수입 사과를 막는 폐쇄적 공급 구조에 관심이 높아졌다. 1년 새 사과값이 3.5배까지 오르자 공급 탄력성이 적은 농산물의 특성을 감안해도 과도하다는 지적이 나왔다. 사과 가격이 급등한 것은 국내 사과 작황이 좋지 않은 탓이 크지만, 수요에 맞춰 수입이 용이하지 않은 요인도 적지 않다. 외국산 사과가 공식 절차를 거쳐 한국으로 수입된 사례가 전무할 정도다. 그 결과 사과 농가는 보호되지만, 소비자는 세계에서 가장 비싼 사과를 사 먹어야 한다. 개방 무역의 이점을 누리지 못하는 것이다. 그래서인지 교역으로 발전해온 데다 수출에 나라 경제를 기대는 개방 국가가 사과에 대해 시장을 열지 않는 행위는 자유무역을 지향하는 국가로선 타당하지 않다는 지적이 나온다. 사과 수입 제한, 바람직한가.

【 찬성 】

자유무역 이점, 농업 희생 위에 누려
쌀·사과·배 등 '전략 품목' 지켜야

세계무역기구(WTO) 체제에서 각국은 국경 없는 교역을 지향해온 게 사실이다. 하지만 어느 국가에든 자국이 보호해야 할 전략 산업이 존재한다. 농업도 그중 하나다. 상당수 국가가 자국 농업에 대해 보호 정책을 편다.

한국도 농업에 대해서만큼은 보호 정책을 유지해왔다. 쌀이 대표적이다. 관세 없이 개방하는 품목을 더 늘리는 손해를 감수하면서도 국내 쌀 생산 농가를 보호해왔다. 오랫동안 밥(쌀)이 한국인의 주식이었기에 반드시 논농사를 보호해야 할 필요가 있었다. 쌀 시장을 전면 개방해 국내산보다 월등하게 싼 외국 쌀이 시장을 완전히 장악하고, 그 와중에 논이 쌀 경작지 기능을 상실했다고 가정해보자. 갑자기 쌀이 '식량 무기화'의 대상이 되면서 수입에 제한이 생겨 도입 물량이 확보되지 않거나 국제 가격이 급등하면 쌀을 어떻게 조달하겠나.

사과에 대한 보호책도 같은 관점이고, 원리는 같다. 한국은 지금까지 공산품 위주의 수출로 경제 발전을 해왔다. 공산품 수출로 경제적 성과를 내면서, 농산품 수입이 늘어 농민은 몰락한다면 불균형이 생긴다. 농가의 일방적 희생에 기반한 경제 성과는 곤란하다. 그렇다고 수출 기업의 이익을 빼앗아 농민에게 바로 나눠줄 수도 없다. 이 같은 현실 때문에 국내 시장을 지키는 농민 보호책을 펴게 된다.

아무리 개방과 자유무역을 지향하는 WTO 체제라고 해도 최소한의 시장은 지켜야 한다. 그러면서 우리의 수출을 전략적으로 확대하는 것이 좋은 통상 정책이다. 사과는 쌀만큼은 아니지만, 국내 생산품이 경쟁력 있고 생산자도 많은 중요한 품목이다. 사과에 대한 수입을 명시적으로 전면 금지한 것도 아니다. 작황이 좋아 일정량 정도만 생산되면 크게 문제될 여지도 없다. 대체 과일도 없는 만큼 사과와 배 농가는 더욱 보호할 필요가 있다. 공업화·도시화가 불가피하지만 최소한의 농민 보호·육성책은 필요하다.

【 반대 】
소비자 선택권·고물가 극복도 중요
수입에 장벽 없어야 수출도 증대

고물가 문제가 여간 심각한 게 아니다. 인플레이션 우려가 장기화되면서 식탁 물가는 더 치솟았다. 식생활의 기본인 과일·채소 등의 가격은 삶의 질을 좌우한다. 생산량 자체가 줄어 가격이 일정 수준 오르는 정도는 소비자도 받아들인다. 소비 줄이기 등으로 신축적 대응이 가능하다. 하지만 수입의 길이 있는데 인위적으로 이를 막아버리면 서민들은 1개에 5,000원씩 하는 사과를 어떻게 맛보나.

많은 공산품이 이미 다양한 국가에서 들어오고 있다. 그것이 비교우위에 따른 자유공정무역이다. 필요한 물건을 적기에 도입(수입)하면 고물가 해소에도 크게 도움이 된다. 미국이 클린턴 정부 때 '신경제'라고 할 만큼 장기간 호황을 누린 것이나 최고의 소비 호황을 누려온 것도 값싸고 경쟁력 있는 제품을 전 세계에서 거의 제한 없이 수입해왔기 때문이다. 그런 차원에서 보면 이는 엄연히 소비자의 선택권에 관한 문제다. 어차피 식량과 에너지 모두 수입해오고 있다. 더구나 11개 국가가 한국에 대해 사과 수입 제한 조치를 완화하라고 요구하는 상황이나.

정부는 과실파리 등 국내에 없는 병해충이 따라 들어올 수 있다는 점을 내세우며 동식물위생·검역조치를 시행하지만 설득력이 떨어진다. 8단계로 나누어 수입 위험 분석을 통과하게 한 것을 보면 형식적으로는 수입이 가능하다고 하지만 실제로는 수입을 막고 있는 것을 알 수 있다. 통과 분석을 신청한 국가 중 통과한 데가 하나도 없는 현실을 보면 그렇다. 한국에 사과 수출을 희망하는 국가들은 이런 '비관세장벽'을 거두라고 우리 정부에 30년 동안이나 요구해왔다. 이런 식의 농가 보호를 앞으로도 계속 이어가기는 어렵다. 수출에 나라 경제를 기대는 국가답게 정공법으로 수입 장벽을 최대한 거두고, 그렇게 우리의 제품과 서비스를 더 많이 수출하는 적극적인 정책이어야 소탐대실을 면하고 국제 관계에서도 당당해진다.

【 생각하기 】
보호 정책 때문에 한국 사과 세계에서 가장 비싸
'사드 보복' 중국 비판하며 따라 하나

전략적 국내 산업에 대한 보호 정책도 의미 있다. 하지만 그런 조치 때문에 3배 이상 비싸게, 세계에서 가장 비싼 사과를 사야 하는 소비자의 신택권 묵살도 간단한 문제는 아니다.

사과 농가라는 '자유무역의 소외 지대'를 살피는 것과 고물가 대응책 사이 균형과 조화가 필요하다. 수입 저지가 관세라는 공개적·제도적 방법이 아니라, 까다로운 검역 절차 등 비공식이고 우회적인 비관세장벽을 통해 이뤄진다면 국제사회에서 비판거리가 될 수 있다.

'사드 보복'이라는 중국의 조치가 그렇다. 중국은 북한의 핵미사일에 대한 요격 방어 체계인 사드 배치를 트집 삼아 중국에 진출한 한국 기업에 여러 가지 보복을 가했다. 중국의 이런 비관세

장벽과 유사한 관행은 최대한 자제해야 국제사회에서 책임 있는 성원으로 인정받는다. 전기자동차 보조금 정책은 외국 자동차업계에 책잡힐 일을 최대한 피해가면서 비교적 잘 운용해온 사례다. 이 경우에도 같은 지혜를 발휘할 필요가 있다.

고신용자에 더 높은 금리 적용하는 인터넷은행 대출 규제, 타당한가?

2022년 12월 이후 인터넷전문은행 대출 금리에 비상식적인 현상이 나타나 이용자 사이에 논란이 빚어졌다. 카카오뱅크·케이뱅크 같은 한국의 인터넷전문은행들이 신용대출 금리를 책정하면서 신용등급이 낮은 중·저신용자보다 신용 상태가 좋은 고신용자에게 더 높은 금리를 적용한 것이다. 통상 금융 시장에서는 신용도가 높을수록 신용대출 금리가 낮아진다. 금융 거래의 기본 논리와 정반대 현상이 이른바 제1금융권에서 버젓이 벌어지는 것은 정부가 금리라는 돈 시장의 가격 구조에 개입했기 때문이다. 나름대로 명분은 있다. 신용 상태가 좋지 못한 저신용자에게도 자금 대출이 이뤄지도록 한 것이 요인이다. 하지만 금리 역전은 오래 신용을 쌓아온 우량 고객에 대한 역차별이다. 신용 여건에 반비례하는 금리 책정, 용인될 수 있나.

서민 금융 지원 과정의 파생적 결과
중·저신용자 대출 확대 노력 필요

정부(금융위원회·금융감독원)가 의도적으로 신용등급이 좋지 않은 이용자보다 신용등급이 우수한 대출자에게 높은 금리를 부담하게 한 것은 아니다. 취약 계층에 대한 금융 접근, 대출이 보다 쉽게 이뤄지도록 유도하는 과정에서 빚어진 파생적 결과일 뿐이다. 취지 자체에 주목할 필요가 있다.

물론 직전 정부 때 문재인 전 대통령이 고신용자가 금리 부담을 더 져야 한다는 발언을 해 크게 논란이 된 적이 있지만, 그런 취지와는 차원이 다르다. 당시 문 전 대통령은 "신용이 높은 사람은 낮은 이율을, 신용이 낮은 사람은 높은 이율을 적용받는 구조적 모순이 있었다"라고 말했다. 국무회의 자리에서 나온 얘기다. 문 전 대통령의 발언이 고신용자가 높은 대출 이자를 부담하고, 저신용자는 보다 싸게 은행 돈을 빌릴 수 있어야 한다는 취지로 받아들여지면서 금융 시장을 한바탕 흔들었다. 사회적 약자를 위한다는 명분 아래 신용과 대출의 근본 시스템을 바꿔야 한다는 의미로 해석되면서 파장이 일었다. "기본이 안 된 얘기"라는 비판이 커지면서 청와대는 곧 "안타깝다고 한 말이 잘못 전달됐다"라며 해명에 나섰고, 사태는 해프닝처럼 끝났다.

하지만 지금 인터넷전문은행에서 빚어지는 금리 역전 현상은 그때와 다르다. 신용대출에 대한 금융감독당국의 점검 결과 고신용자로 쏠림이 적지 않았다. 이에 따라 감독당국은 중·저신용자에 대한 대출 비중을 올리라는 요구를 하게 됐고, 카카오뱅크는 2023년 말까지 그 비중을 30퍼센트, 케이뱅크는 32퍼센트로 끌어올리겠다고 응답한 것이다. 금융 취약층 보호·지원 정책의 일환이었다. 이 비율을 맞추려다 보니 부득불 고신용자에 대한 대출 금리(최저 연 5.457퍼센트, 2023년 11월 초 기준)는 올라갔고, 중·저신용자에 대한 금리(최저 연 4.145퍼센트)는 떨어진 것이다. 이렇게라도 해야 금융 약자의 신용대출이 가능해진다. 감내해야 할 작은 부작용이다.

【 반대 】

시장에 반하는 정책으로 인한 역차별
관치·반혁신 규제가 금융 시장 왜곡

두말할 것도 없이 전형적인 역차별이다. 시장 원리와 거꾸로 가는 규제 정책이 불러온 금융 시장의 왜곡은 즉각 바로잡아야 한다. 동서고금을 막론하고 신용을 꾸준히 축적해온 고신용자는 이자 부담이 적다. 신용 관리를 소홀히 해왔거나 누적된 신용 관리 실적이 없는 금융 소비자는 그 대가로 비싼 이자를 부담한다. 금융 선진국일수록 더하다.

신용카드 작동 원리도 마찬가지다. 금융 산업 지체가 신용을 바탕으로 성장·발전한다. 이 같은 원리를 존중할 때 한국의 금융 산업이 발전하면서 금융 선진국이 된다. 이런 기본 원리조차 지키지 않으면서 내세우는 '금융의 국제화', '동북아 금융 허브' 같은 정책 목표는 다 헛구호가 될 것이다.

기존 대형 시중은행도 많은데 인터넷전문은행을 왜 도입했나. 금융 시장에 혁신을 불러일으켜 금융을 선진화하자는 취지였다. 정부는 실제로 그렇게 주장해왔다. 그런데 기껏 저신용자·고신용자 대출 비율 규제나 하면서 천편일률적 관치금융을 하고 있다.

대출에 대한 이런 규제 자체를 없애야 한다. 대출 비중은 개별 금융사의 독자적 영업 전략이고, 관행일 뿐이다. 그럼에도 대출 비율을 규제한다면 방식이 바뀌어야 한다. 그동안 어느 쪽에 얼마나 대출해줬느냐는 '잔액' 기준이 아니라 새로운 기준에 따라 앞으로 이렇게 하자는 식의 '신규 취급액' 기준이 옳다. 그래야 소급 논란도 없고, 대출 이자의 역전에 따른 역차별 논란도 줄어든다. 취약 계층 지원을 명분으로 금융 시장의 작동 원리를 훼손하면 소탐대실, 교각살우의 우를 저지르게 된다. 더 큰 손해다.

서민·취약층을 지원하지 말라는 것이 아니다. 금융 약자 지원은 국고로 지원하는 정책 자금 확대나 대출 전반에 걸친 규제 완화 등이 바람직하다. 은행의 대출 영업은 일종의 비즈니스 전략이고, 사업의 포트폴리오다. '감 놔라 배 놔라' 식으로 직접 관여하는 것이야말로 구시대적 관치금융이다. 이런 개입 유혹에서 벗어나야 한다.

【 생각하기 】

인터넷은행 출범 때 혁신 의지 어디 가고 경영 간섭만… 장기적으로는 손해

2015년 정부가 카카오뱅크와 케이뱅크의 영업을 인가하면서 강조한 취지는 금융 혁신이다. 그런데 혁신과는 거리가 먼 규제를 하고 있다.

온라인망을 통한 비대면 금융 거래 등에서 혁신의 과정과 성과, 혜택이 고신용자들에게 집중되는 현실에는 딜레마 요인이 있다. 그렇다 해도 투박하고 거친 행정은 정당화되기 어렵다.

인터넷전문은행이 신용카드나 펀드 판매 등 신규 사업을 벌이려면 감독당국 말을 듣지 않을 수 없다. 후발 주자인 인터넷전문은행까지 기존 전통 은행과 비슷한 규제를 받아 영업 여건이 나빠지고 은행의 건전성까지 악화되면 신용대출 여력도 줄어든다.

그 피해는 결국 금융 약자에게 돌아갈 공산이 크다. 당장 눈앞만 볼 것이냐, 장기적으로 멀리까지 볼 것이냐에 따라 판단이 달라질 수밖에 없다. 인터넷전문은행 출범 때 정부 발표를 돌아보면 '혁신성'을 강조했을 뿐 '중·저신용자 대출', '포용 금융' 같은 말은 없었다.

사립대 입시까지 정부가
감 놔라 배 놔라, 이대로 괜찮은가?

2028학년도 대학 입시 방식이 2023년 말에 발표됐다. 늘 그렇듯이 발표 주체는 교육부였다. 선택과목이 폐지되고, 내신성적은 상대평가 체제를 유지하되 9등급에서 5등급으로 바뀐다. 수학은 미적분, 기하, 확률과 통계 가운데 선택하는 현행 방식에서 문과생 수준의 쉬운 수학으로 단일화된다. '심화 수학'이라는 난도가 높은 학습 과정이 빠지면서 논란이 커지고 있다. 공과대 등 이공계통 대학에서는 기본적인 미적분을 다시 가르치게 되면서 기초학력 저하를 우려하는 목소리가 높아지고 있다. 보다 근본적인 문제 제기는 학생 선발 자율권을 왜 대학에 주지 않고 정부가 계속 간섭하느냐다. 국립대학은 몰라도 사립대학은 건학 이념에 따라 스스로의 기준에 맞춰 학생을 선발하는 게 맞다는 지적이다. 사립대학 입시 과목까지 감 놔라 배 놔라 하는 정부, 이제는 바뀌어야 할 때인가.

대학 공공성 감안해 정부 감독 필요
부정 개입 소지 있고 입시 관리 역량 미흡

대한민국에서 교육은 어떤 의미를 가지나. 사회 진출의 주된 기반으로 대학이 차지하는 비중은 어떠한가. 말로만 국공립과 사립이 따로 있을 뿐, 현실적으로 별다른 차별성이 없는 고등교육기관이다. 많은 대학이 정부로부터 각종 보조금과 지원금을 받고 있다. 학교 제도를 포함해 학생 활동 전반을 관할하는 정부의 교육 정책에서 예외 지대가 될 수 없는 것이다. 대학이 학사와 석·박사까지 학위 제도를 정부로부터 위임받아 실행하는 기관이기도 하다. 이레저래 정부 정책에 따를 수밖에 없다.

국공립이든 사립이든 대학은 국가와 사회의 공기관이면서 청년이 사회에 진출하는 중요한 과정을 담당하는 징검다리다. 교육에서 형평성과 공정은 국가 운영의 중요한 원리다. 사회 진출의 첫 관문이자 사다리인 대학 입학이 공정·투명하지 않을 경우 빚어질 혼란은 상상을 초월한다. 기회의 공정·공평성이 중요하다고 말한다. 그렇다면 대학이라는 중요한 기회의 관문에서 한 치의 오류가 있어서는 안 된다. 그래서 교육 제도와 입시는 정부가 책임져야 할 사안이다.

현실적으로 한국의 대학 가운데는 공정·투명·신속·정확하게 입시를 관리할 역량이 안 되는 대학도 부지기수다. 수백 개 대학 중 입시 문제 출제부터 전형까지 자체적으로 잘 해낼 곳이 몇 곳이나 되겠나. 교육부가 일괄적으로 이를 대행해주면서 관리하는 것이 효율적이고 사회적 비용도 줄이는 길이다. 적지 않은 대학이 정부의 재정 지원을 받고 있는 판에 정부가 그에 부응하는 요구를 하는 것은 자연스럽다. 본고사가 있던 시절과 달리 입시 제도도 복잡해졌다. 고등학교 때의 생활 전반을 담은 학생부도 입시에 반영되니 정부가 나서 초·중·고교부터 대학까지의 과정을 체계적으로 일괄해서 볼 필요가 있다. 그것이 교사와 초·중·고교, 교수와 대학을 행정적으로 도와주는 길이기도 하다. 입시 반영 과목, 수학 문제의 난이도 조정 등에 대한 정부 정책도 이런 맥락에서 당위성을 갖는다. 국민이 이를 수용해야 한다.

【 반대 】
학생 선발은 대학 독립·발전의 대전제
건학 이념·지향, 교육 가치 따라 자율로

대한민국에서 민간의 자율성과 창의성을 억압하는 규제·간섭·감독 행정이 일어나는 분야로 금융을 꼽곤 한다. 관치금융이라는 말도 있다. 그런데 더 심한 관치는 교육 분야에서 일어난다.

정부가 대학 입시의 과목 선정과 난이도까지 시시콜콜 간섭하고, 게다가 매년 조삼모사 조변석개로 바꾸는 나라가 어디 있나. 현대 국가의 합리적 행정권을 넘어서는 전근대적 국가 만능주의와 다름이 없다. 과도한 간섭에 대학은 자율성·창의성·독립성을 잃은 채 경쟁력만 저하되고 있다. 대학의 질적 저하는 '관치교육'에 큰 원인이 있다. 왜 대학을 법에서 고등교육기관이라고 하는가. 스스로 책임지면서 홀로 서야 한다는 철학이 그 밑바탕에 깔려 있다.

여러 번 양보해도 대학 입시에 대한 정부의 간섭과 감독은 국공립대학에 한정돼야 한다. 국공립대학조차도 대학이 자율적으로 알아서 하게 해야 자율성과 책임성이 강화된다. 사립대학에 대해 왜 정부가 간섭하나. 사립대학은 건학 이념이 저마다 다르고 교육 방식과 전통도 다르다. 이는 고등교육의 다양성과 창의성을 확보하는 차원에서 필요하다. 그래야 학문과 기술, 국가와 사회가 발전한다. 사립대학이 설립 취지를 구현하고 지향하는 철학대로 교육하려면 그 정신에 맞는 학생을 잘 뽑아야 한다. 학생 선발 자율권은 그래서 중요하다. 대학 자율의 출발점이기도 하다. 기독교 이념을 바탕으로 설립한 연세대학교와 불교 정신에 맞춰 건립한 동국대학교가 왜 정부가 정한 일률적 선발 기준을 받아들여야 하나.

스스로 원하는 인재를 자기 책임하에 선발하는 기본 권리를 대학에 돌려줘야 한다. 교육 선진국이라는 미국이 그렇게 하고 있다. 공정성, 형평성 같은 입시의 기본 준칙은 대학 스스로 잘 지키게 하면 된다. 만약 편법적 우대나 입시 관리에 문제가 있다면 교육부가 감사 등으로 바로잡으면 된다. 정부는 시시콜콜 과목의 난이도까지 간섭할 게 아니라 입시의 공정 관리에 주력해야 한다.

【 생각하기 】
관치금융 넘어 관치교육 벗어나야 다양성·창의성 제고 힘들어도 '자율'로

학생 선발권을 얻음으로써 입시에서라도 자율이 보장되면 대학은 지원하는 학생이 고등학교에서 어떤 수업을 받았고 성적은 어떠했는지 알 수 있을 것이다. 필기고사가 아니어도 학생부를 보거나 면접으로 파악할 수 있다. 대학이 이런 정도의 자율권은 지녀야 한다. 입시에서 심화 수학을 배제하면 결국 대학이 가르쳐야 한다. 그 결과 학문과 기술 수준이 떨어질 것이다. 사교육 부담 경감 노력도 좋고, '수포자'에게 길을 터주는 것도 좋다. 하지만 '어려운 수학 공부는 힘드니 안 된다'는 논리는 곤란하다. 힘들다고 배제하면 어떤 과목이 남겠나. '현실에서의 유용성'도 황당한 논리다. 물리와 화학, 언어 영역의 과목은 현실에서의 쓰임새가 수

학보다 더 많은가. 핵심은 대학의 자율권을 더 보장하고 그에 따르는 공적 책임도 제대로 묻는 것이다. 그래야 교육 선진화, 미래를 준비하는 교육, 학문 발전을 주도하는 대학이 가능해진다. 관치교육에서 벗어날 때다.

첨단기업의 해외 합작투자, 기술 지키기 위해 승인 제도가 필요할까?

국가 핵심 기술 보유 기업의 해외 합병과 합작투자 때 정부 사전 승인을 받게 하도록 '산업기술의 유출방지 및 보호에 관한 법률(산업기술보호법)' 개정이 추진되고 있다. 반도체, 배터리 등 해외 사업이 많은 대형 수출 기업 다수에 해당하는 중요한 법안이다 보니 산업계의 관심이 크다. 이 법이 던지는 쟁점은 분명하다. 치열해지는 기술 경쟁 시대에 무리를 해서라도 한국의 전략적 핵심 기술을 보호할 것인가, 규제 혁파로 외국인 투자를 확대하고 국내 글로벌 대기업들이 수출에도 적극 나서게 지원할 것인가. 서로 다른 두 가치가 충돌하는 지점에 이 법이 있다. 핵심 기술을 지키겠다는 취지는 좋지만 기업들은 새로운 규제라고 반대한다. 반면 정부는 보조금까지 들어간 첨단 기술을 어떻게든 지켜야 한다는 입장이다. 승인제는 필요한가.

【 찬성 】

정부 보조금 들어간 핵심 기술 지켜야
미국 IRA 등 기술 보호는 글로벌 추세

해외 기업이 자본 투자나 기술 투자 형식으로 한국 기업이 가진 첨단 기술을 습득할 수 있는 계기가 갈수록 늘어난다. 반대의 경우도 물론 많다. 문제는 법적·행정적으로 관리 대상인 국가 핵심 기술의 국외 유출 가능성이다. 명백한 범법 행위인 기술의 불법 유출도 관련 법에 따라 막아야겠지만 합법적 투자 형식으로 유출되는 기술도 통제할 필요가 있다. 국가 핵심 기술은 공기업이나 국책 연구원도 확보하고 있지만, 자율로 움직이는 민간 기업에도 많다. 정부 예산에서 나가는 국가 보조금까지 투입한 기술의 유출은 막아야 한다. 그래서 사전 승인을 받으라는 것이다.

기술 보호 및 관련 규제의 강화는 근래 여러 나라에서 나타나는 국제적 추세다. 대표적인 것이 미국의 '인플레이션 감축법(IRA)'이다. 중국을 의식한 미국 정부가 이 법을 만들어 반도체 공정 등 미국의 첨단 기술과 장비 이전을 막고 있다. 미국은 자국으로의 수출 및 투자 기업에 대해서는 제3국 국적이라도 다양한 규제를 한다. 중국도 경제 안보를 이유로 외국인 투자 안보 심사 제도를 운용한다. 이런 추세에 우리도 발맞춰야 한다. 국가의 경쟁력을 가르는 핵심 기술에 대한 기업의 책임성이 그 어느 때보다 커지는 데 기업에만 맡겨둘 수는 없다.

사전 승인 제도는 인가를 해주지 않겠다는 것이 아니다. 관련 과정, 즉 절차를 강화하겠다는 정도다. 최근의 기술 유출 사례를 보면 상황이 심각하다. 한국의 전략 산업이자 최대 수출 산업인 반도체 공장의 설계도가 통째로 유출됐다가 적발된 사례가 있다. 잠수함 기술이 유출된 일도 있었다. 대우조선해양(지금의 한화오션) 에서 만든 수출형 잠수함의 경우 무려 2,000쪽 분량의 설계도면 이 대만에 돌아다녔는데도 해당 기업이나 한국의 보안 당국은 모르고 있었다. 기술 유출이 얼마나 심각한지를 보여준 단적인 예다. 이제라도 국가적 전략 기술이 나라 밖으로 빠져나가지 않도록 모든 조치를 다해야 한다.

【 반대 】
기업 몰래 추진된 갑질·규제행정
국제 경쟁력만 떨어뜨릴 수도

산업 기술의 불법 유출에 대한 처벌 강화는 불가피한 측면이 있다. 하지만 합병과 합작투자에 대해 강제로 사전 승인을 받으라는 것은 첨단 산업에 대한 또 하나의 규제다. 해외 사업이 많은 대형 수출 기업 대부분이 영향을 받을 이런 중요한 법안이 국회의 해당 상임위원회를 통과하기까지 공청회 등 제대로 된 산업계 의견 수렴 과정조차 없었다는 사실부터가 심각한 문제다. 정부와 국회가 해당 산업계의 입장을 고려하지 않은 채 일방적으로 법안을 은밀히 추진해온 것이다.

문제의 신설 규제 조항은 "국가 핵심 기술을 보유한 대상 기관과 외국인이 해외 인수·합병, 합작투자 등을 진행하려는 경우 미리 공동으로 산업통상자원부 장관 승인을 받아야 한다"는 규정이다. 신고 정도가 아니라 '의무적 사전 승인'을 받고 해외 사업을 추진하라는 강제 조치다. 반도체·배터리·바이오·모빌리티 등을 비롯한 첨단 기술 분야에서는 기존의 상식 틀을 다 뛰어넘을 정도로 합종연횡의 공동 투자가 이어지는 것이 현실이다. 이런 사정을 감안할 때 기업이 제대로 투자에 나서기 어렵게 만드는 규제다.

인플레이션 감축법을 보면 미국도 이런 보호주의 정책을 펴기는 한다. 하지만 한국은 국제적으로 미국처럼 '갑'이 아니다. 일본·유럽·대만 등지의 대체 투자 파트너가 있는 상황에서 글로벌 대기업이 한국 정부에 온갖 서류를 다 내고 기술을 노출하면서까지 한국 기업과 공동 투자에 기꺼이 나설 이유가 있을까. 이 법이 외국 기업의 한국 내 투자 및 한국 기업과의 합작을 가로막을 것이라는 우려가 나올 수밖에 없다. 오죽하면 국회 법제사법위원회 심의 단계에서 야당(더불어민주당) 의원까지 "기업의 생명인 첨단

기술을 행정기관이 틀어쥐고 조정하겠다는 것이 지금 윤석열 정부의 대한민국 구조와 맞나"라며 드러내놓고 반대를 했다. 국가 핵심 기술 여부를 정부가 판단해 관련 정보를 요구하는 것은 행정 권력 남용의 소지가 있다. 규제투성이 환경 속에서 첨단 산업 발전을 기대하기는 어렵다.

【 생각하기 】

테슬라·애플이 기술 노출 무릅쓰며
한국에 투자할까

규제는 늘 그럴듯한 명분에서 시작된다. 법과 행정에서 '디테일의 악마'를 경계하는 것도 같은 맥락이다. 전체적인 취지나 총론은 좋지만 각론의 한 구석(특정 조항)에 악마처럼 가시가 숨어 있는 것이다.

이 개정법대로 되면 해외에 공장을 짓고 필요한 물자를 옮길 때 외국의 파트너 기업도 공동으로 한국 정부에 승인 절차를 밟아야 하는데, 테슬라나 애플 같은 기업이 한국만 바라보며 군말 없이 이 조건에 응할 것인가가 관건이다. 기존에 있는 산업기술보호위원회 등 사전 심의 절차를 내실화하고, 불법적인 기술 유출이 일어날 시엔 사후라도 강력 대응하는 게 현실적이다.

주무부처인 산업통상자원부 논리대로 "승인을 안 해주겠다는 게 아니라, 단지 절차상의 문제"라면 오히려 더 문제다. 그런 '절차'에서 '갑질행정', '군림행정'이 비롯되곤 하는 것이 한국 행정의 취약점이다. 해당 상임위원회에서는 통과됐으나 법사위에서 일단 제동이 걸린 게 그나마 다행이다.

'주인 없는 회사' CEO 선임, 정부가 개입해도 될까?

지배적 대주주가 없는 기업에 대해 흔히 '주인 없는 회사'라고 한다. 민간은행의 지주회사를 비롯해 포스코, KT처럼 과거 공기업에서 민영화한 대기업을 통상 그렇게 지칭한다. 물론 엄밀하게 말해 경영권을 확실하게 장악한 지배주주가 없을 뿐 주인이 없는 회사는 아니다. 책임경영 주체가 모호하다는 것으로, 정부 소유에서 민영화한 데 따른 역설적 부작용 같은 현상이다. 이런 기업일수록 정부나 여당 중심의 정치권에서 낙하산 인사를 보내는 경우가 많다. 내부 인사가 대표에 오른 뒤 경영권을 쉽게 내놓지 않는 이른바 '최고경영자(CEO) 셀프 연임' 현상도 나타난다. 금융지주 회장 선임 과정에서 통상 낙하산·관치 논란이 그렇게 생기고, CEO 셀프 연임은 도덕적 해이 문제를 야기한다. 이런 경우에 정부 개입은 타당한가.

스스로 잘 운영되면 간섭 필요 없어
'스튜어드십 코드'로 관리 책임 다 해야

경영에 전적으로 책임지는 대주주가 없는 기업이 스스로 잘 굴러간다면 정부가 개입할 필요는 없다. 하지만 2022년 말부터 2023년 초까지 우리금융지주, KT 등의 회장 선임을 둘러싼 잡음이 너무 컸다. 은행의 경우 내부 임원이 노동조합 등과 연대해 회장 자리를 장악하려 했다. 내부 종사자들이 외부의 '개혁 세력'을 배제하고 거대한 상업은행을 전횡하려 들었다. 임원 선임 절차가 투명하지 않고 도덕적 해이 현상도 빚어졌다. KT에서는 CEO가 스스로 연임을 추진하면서 뒷말을 남겼다. 주주가 통상 경영진을 구성하지만, 소액주주가 워낙 광범위한 데다 지배주주가 없자 대리인이 주인 행세를 하겠다는 것이다.

　은행을 비롯한 이런 기업은, 민영화됐지만 과거에 정부가 국민 세금으로 세워 기초를 다진 기업이다. 정부에 연고권이 있다. 정부는 또 '선량한 관리 대행자'로서, '시장의 심판'으로서 적절한 관리 의무를 다할 필요가 있다. 그렇게 공정하고 투명한 기업 운영의 규칙을 만드는 것은 정부의 고유한 의무이자 권리다. 현실적으로 수백조 원에 달하는 거대한 국민연금 기금이 주식 매입으로 투자한 마당에 그에 따른 주권을 행사할 여지도 있다. 국민연금

가입자가 2,000만 명을 넘어서 여기서도 정부가 선의의 관리자가
될 수밖에 없다. 멀쩡히 대주주가 있는 기업의 경영에까지 간섭
해서는 안 되겠지만, 주인 없는 기업에는 '스튜어드십 코드(기관투
자가의 의결권 행사 지침)'가 작동돼야 한다. CEO 선임 절차와 과정을
투명하게 해서 최선의 적임자를 선임하게 하고 나아가 경영 책임
을 다하게 하는 개입이라면 문제될 게 없다. 스튜어드십 코드를
잘 활용하자는 얘기다.

이런 과정을 통해 더 나은 경영진을 구성해 은행과 기업 성과
를 높인다면 소액주주에게도 도움이 된다. 글로벌 스탠더드에 접
근하면 증권 시장에서 '코리아 디스카운트'도 해소된다.

【 반대 】
기업 경영에 투명성·자율성 모두 중요
'심판' 넘어선 정부의 '선수' 역할 경계

주인 없는 회사의 지배구조나 CEO 선임은 매우 미묘한 사안이
다. 일부에서 대표 셀프 연임 등으로 논란도 있었다 해도 정부 개
입이 쉽게 정당화될 수는 없다. 책임경영을 다하는 주주는 없어
도 분산된 주주들이 엄연히 있고 기관투자가 등 일부 과점 주주
도 있다. 더구나 많은 기업이 자본과 외형을 계속 늘리는 데다 국

민연금 기금도 당분간 늘어나면서 투자를 확대해 이런 기업이 계속 늘어날 수밖에 없는 상황에서 정부 개입의 부작용을 냉철히 진단해봐야 한다. 봉상 정부 개입의 물꼬를 트면 끝이 없어진다. 기업에는 주주, 임직원 등 내부 종사자, 채권단 등 직접 관계 집단(stakeholder)이 있다. 범위를 넓히면 협력업체도 있고, 소비자도 있다. 직접 관계 집단이 자율적으로 경영진을 구성하고, 투명성 확보나 책임경영이 안 되면 시장에서 주식 매각으로 대응하는 것이 바람직하다. 사외 전문가 등 이사회의 자율성·전문성·독립성을 강화하면서 경영진에 스톡옵션 등을 부과하는 것도 의미 있는 보완책이다. 주인 없는 기업의 투명성 강화는 필요하지만, 민영화된 기업의 자율성 보장도 절실하다. 스튜어드십 코드가 문재인 정부에서 도입될 당시 국민연금의 상장기업 경영 개입 방편으로 원용되면서 '연금 사회주의' 논란까지 빚어진 점을 기억해야 한다.

정부가 '심판'으로 공정하고 보편적인 경기 규칙을 일관되게 집행하는 것은 중요하지만, '선수'라도 되는 양 경영에 뛰어들겠다는 과욕은 경계 대상이다. 관료행정의 특성상 한 번 개입·간섭하기 시작하면 관행으로 굳어질 공산이 크다. 금융감독원이 금융사 이사회 구성과 운영 각론에까지 개입하고 기준선을 일일히 마련하겠다는 것도 과잉 대응일 수 있다. 동기가 좋아도 그 틈을 타 새로운 낙하산 부대가 내려갈 수 있고, 해묵은 관치 논쟁이 다시 불거질지 모른다.

기업 지배구조, 정답 없어
'직접 관계 집단' 의사 수렴 지속 가능하게

기업 지배구조에 절대 원칙이라고 할 만한 정답은 없다. 정부 역할은 중요하지만, 지나치면 바로 구시대적 관치가 된다. 정부는 금융의 공적 기능을 강조하며 개입의 정당성을 내세우지만 금융에 국한되는 일이 아니다. 법과 규정 등 제도가 특정 기업을 겨냥해선 안 된다. 우리금융지주나 KT를 의식한 법규가 아니라 보편 타당해야 한다는 얘기다. 주인이 없는 게 아니라, 책임경영자·책임주주가 분명하지 않은 기업은 경제 여건 변화에 부응해 늘어날 것이다. 글로벌 스탠더드에 맞춰 모범 규준을 마련해야 한다. 정부가 주체가 되기보다 기업의 직접 관계 집단들로부터 의견을 수렴하고 차분한 공론화를 통해 민간과 시장 기반의 규준을 만들어 나가야 오래갈 것이다. 주인 없는 기업의 지배구조나 경영권 문제에서는 자율성·투명성 모두 중요하다. 그래야 백년 기업이 끊임없이 나온다.

선거 전 290만 명 신용 사면,
금융 발전에 도움 될까?

2024년 1월, 정부가 또 '신용 사면'에 나섰다. 2,000만 원 이하 대출자 가운데 제때 이자를 갚지 못해 금융 거래가 원활하지 못한 취약 계층을 상대로 일정 기간 안에 빚을 다 갚으면 연체 기록을 없애준다는 것이다. 통상 금융회사에서 돈을 빌려 석 달 이상 연체하면 금융회사와 신용평가회사에 해당 내용이 공유된다. 이렇게 신용 불량자가 되면 이후 대출을 받을 때 금리 부담이 늘어난다. 나중에 돈을 갚아도 최장 5년간 금융 거래에서 각종 불이익(금전적 손해)을 당한다. 금융 부실을 예방하고 신용 사회로 가기 위한 장치. 그런데 이런 규정·관행을 무시하고 연체 기록을 없애준다는 것이다. 서민 지원 차원이라지만 2024년 4월에 치러질 선거를 앞두고 나온 조치라는 점 때문에 선심 정책이라는 비판이 일었다. 되풀이되는 신용 사면, 금융 선진화에 도움이 될까.

장기 불황에 서민 어려움 가중
신용 회복으로 자립하면 '지원 비용' 줄어

경제 성장률이 1~2퍼센트대로 뚝 떨어진 장기 저성장이 계속되고 있다. 정부가 소비 활성화 등 내수 진작 정책을 펴고 투자 확대 유인책도 마련하지만, 성과가 잘 나타나지 않는다. 한국은행도 금리를 올리지 않으면서 우회적으로 서민 취약 계층을 위한 금융 지원에 나섰다. 그래도 경제 취약층의 어려움은 쉽게 풀리지 않고, 코로나19 이후 세계적 고물가로 양극화도 심화하고 있다. 이런 사정에서 저소득층의 어려움은 날로 커진다.

　정부가 저소득 서민을 위한 여러 지원 정책을 제시하고 있지만 충분하다고 보기 어렵다. 좀 더 현실적인 대책은 금융 활동에 어려움이 있는 금융 취약층의 정상적인 대출을 가능하게 해주고 최대한 이자 부담을 줄여주는 것이다. 또한 신용카드 이용에 지장이 없도록 해주면 좋다. 소액 연체자들은 대출금을 떼어먹기로 작정한 경우보다 어쩔 수 없는 사정으로 제때 갚지 못하는 사례가 많다. 급작스러운 실업으로 소득이 급감하고, 예기치 못한 사고 등으로 지출이 늘어나 대출을 받았지만 수입이 적은 데다 자산이 부족해 돌파구를 찾지 못하는 것이다. 사정이 어려우니 돈은 더 필요하고, 갚을 돈이 없어 납부일에 맞춰 이자를 내지 못하니 더 많은 이자를 물어야 하는 악순환의 반복이다. 조금만 도와주면 이런 악순환에서 벗어날 수 있는 계층에겐 정부가 나서서 저신용의 족쇄를 풀어줘야 한다. 형사 범죄자가 전과 때문에 취업 등 정상적인 사회 활동을 하지 못해 다시 범죄에 노출되는 악순환과 비슷하다.

이런 사면은 금융회사 부실을 줄이는 데도 도움이 될 수 있다. 2,000만 원 이하의 소액 대출자 중 연체자는 290만 명 정도다. 이들이 단지 제때 못 낸 이자 때문에 신용 불량자가 되고 더 많은 이자를 부담하게 돼 이자 납부를 완전히 포기하면, 금융회사는 그나마 이자도 못 받는다. 이렇게 해서 신용 불량자가 늘어나고 자립 의지까지 꺾이면 결국 국가가 부담해야 하는 것이다. 필요할 때 이뤄지는 신용 사면은 적은 비용으로 금융 시스템이 돌아가게 하고, 복지 부담도 줄일 수 있다.

【 반대 】
신용은 각자 애써 쌓아가는 성과물
정부 개입이 관치금융·도덕적 해이 조장

현대는 신용 사회다. 금융은 특히 신용을 전제로 발전한다. 개인의 신용은 각자가 경제 활동으로 지속해서 쌓아가는 기록이고 성적이다. 신용 평점이 있기에 신용카드도 발급할 수 있고, 당장 현금이 없어도 소비를 가능케 함으로써 경제 활동을 촉진한다. 대출 역시 신용을 기반으로 이뤄진다. 금융회사 대출금은 다른 누군가의 귀중한 저축금이다. 금융회사는 이를 잘 관리해서 예금자에게 이자와 함께 돌려줘야 할 책무가 있다. 가난한 저개발국일수록 신용 기반 금융 거래가 부족하고, 고도의 선진국일수록 신용 사회가 되어가는 것은 수십, 수백 년 신용을 축적·관리해온 결과다. 이처럼 사회적 자산인 신용 제도의 근간을 정부가 흔들어선 안 된다.

신용 대사면을 쉽게 하면 온갖 어려움을 무릅쓰고 제때 대출금을 갚은 사람, 카드 사용을 절제해 한도와 결제 기일을 잘 지켜온 이들의 노력이 상대적으로 평가 절하된다. 제때 안 갚아도 불이익이 없고, 때가 되면 사면도 해주는 데 왜 자기 신용을 지키려 노력하겠나. 한마디로 도덕적 해이(모럴 해저드)를 정부가 나서서 부추기는 꼴이 된다. IMF 외환위기 시절이나 코로나19 초기에는 비상 시기라는 명분이라도 있었다. 국가적 경제위기 시에는 필요성이 있다. 하지만 지금은 그런 위기 국면도 아니다. 경제가 어렵다지만 경기 순환상의 불경기일 수도 있고, 성장 동력이 약해지면서 나타난 구조적 불황일 수도 있다. 이런 상황에서도 신용 사면을 쉽게 하는 것은 금융 시스템의 핵심 원칙을 흔드는 일이다.

빈번한 신용 사면은 금융 서비스 이용자, 특히 사회에 막 나온 젊은 금융 소비자에게 잘못된 신호를 줄 수 있다. 신용도를 유지하기 위해 다른 지출을 다 줄이고 자기 대출금을 제때 갚은 건전한 대출자에 대한 역차별이기도 하다. 시점도 좋지 않다. 하필 중요한 국회의원 총선거를 앞둔 시기에 나온 조치다. 표를 얻기 위한 인기 영합 정책이라는 비판을 면하기 어렵다. 빈번한 신용 사면은 금융 선진화와 거리가 멀다. 관치금융과 포퓰리즘에서 벗어나야 한다.

[생각하기]
소상공인 이자 감면에 뒤이은 선심
선거 직전 나온 게 문제

이와 비슷한 사례로 문재인 정부 때 중소사업자 신용도에 정부가 개입한 일이 있다. 신용도에 따라 대출 이자가 달라지는 데 좋은 신용도 적용, 즉 이자 감면을 정부가 강요해 적지 않은 논란이 됐다. 윤석열 정부도 연체 기록 삭제로 신용 사면에 나섰다. 서민을 지원하고자 하는 취지는 이해하지만, 개인과 개별 기업의 신용은 스스로 관리하는 것이고 오랜 기간 축적해가는 것이라는 사실도 중요하다. 신용등급은 각 금융회사와 신용평가회사가 독립적으로 매긴다. 금융 선진국에서는 이 기록을 바탕으로 돈을 빌려주고 카드 발급 여부도 결정한다. 정부가 은행의 팔을 비틀어 사면하면 관치금융으로 도덕적 해이를 부추기는 꼴이 된다. 코로나19 이후 고물가·고금리로 어려움을 겪는 자영업자와 서민을 지원하려면 먼저 정부 돈(예산)에서 지원하는 게 순서다. 세금 지원, 규제 철폐 등 다른 방법도 함께 모색할 필요가 있다. 선거 직전에 나온 조치라는 게 더 문제다.

3부

어떻게 하면 더 보람차게 일할 수 있을까?

―

고용과 노동

**THE POWER OF LOGIC
THE QUALITY OF KNOWLEDGE**

'연결되지 않을 권리', 법으로 규제할 일인가?

'연결되지 않을 권리(연결차단권)'는 법으로 보호받을 수 있는 기본 권리에 해당할까. 2023년 3월, 고용노동부가 근로자 보호를 명목으로 연결차단권 보장을 위한 정책안을 마련하겠다고 하면서 논란이 일었다. 2022년 후반 더불어민주당의 한 국회의원이 퇴근 후 카카오톡 등 휴대폰을 이용한 반복적인 업무 지시를 금지하는 내용의 법안을 내놓은 적이 있는데 그 연장이다. 흥미로운 대목은 진보 좌파 표방 정당에서 내놓은 법안과 거의 비슷한 내용을 보수 우파를 지향하는 윤석열 정부에서 검토 중이라는 점이다. 개인이 업무 시간 외 직장(상사)으로부터 업무든 아니든 이런저런 간섭·감독을 받지 않도록 법으로 보호해줘야 한다는 주장과 이런 것까지 어떻게 법제화가 가능하냐는 쟁점이 부딪치고 있다. 연결차단권을 어떻게 볼 것인가.

업무 시간 외 카톡 지시 스트레스·과로 유발
근로자 개인 생활 침해 소지도 있어

현대인은 시간적으로 업무와 비업무의 경계가 모호한 상황이 많다. 정신 노동, 지식 기반의 근로가 많아진 게 큰 요인이다. 더구나 한국인은 선진국 클럽인 OECD 평균보다 일을 많이 한다. 연평균 근로 시간 통계를 보면 OECD에서 네 번째(연간 1,915시간, 2021년 기준)로 많이 일한다.

그런데도 휴대폰과 카카오톡 등 SNS 보편화로 퇴근 후에도 업무 지시를 받거나 직장 상사로부터 시시콜콜한 연락을 받는 경우가 다반사다. 업무와 관련되지 않은 일도 허다하다. 이런 것도 모두 직장 근로의 연장이라고 볼 수밖에 없다.

근로 연장 차원의 문제만이 아니다. 야간이나 이른 아침에도 알림이 울려 스트레스를 가중시킨다. 사생활 침해는 물론 심각한 인권 침해 요인도 있다.

개인 영역은 보호받아야 한다. 하지만 개인은 회사를 상대로 이런 사항에 대한 저항권이나 발언권을 확보하기 어렵다. 정부가 근로자 보호 혹은 근로권 확보 차원에서 나서야 한다. 근로 시간 제도 개편의 일환으로 볼 필요가 있다. 2021년 경기도 산하 경기연구원 조사 결과를 보면 응답자의 88퍼센트가 퇴근 후 업무 지시를 받은 경험이 있다. 하지만 개인적으로 불만을 삭이고 인내하는 경우가 대부분이고 대항하거나 거부할 수 없는 게 현실이다.

해외 사례도 참고할 만하다. 프랑스가 2019년 세계 최초로 이 권리를 법제화해 50인 이상 기업에 대해서는 연결되지 않을 권리에 관한 노사 협의 내용을 매년 단체 교섭 협상에 포함하도록 명문화했다. 이에 따라 프랑스 근로자는 각종 정보통신기기(전화·SNS 등)로부터 차단될 권리를 확보했다. 재택근무자에 대해서는 연결차단권을 더욱 확보해주고 있다. 물론 연결만으로 바로 처벌은 아니고, 관련 '단체 협상'을 하지 않으면 사업주를 처벌하는 방식이다. 슬로바키아, 필리핀, 포르투갈, 캐나다 같은 나라에도 유사한 법이 있다.

【 반대 】
노사 협의·자율 관행 유도가 먼저
근로·임금·노사 관계··· 다른 현안 '태산'

'법은 최소한의 도덕'이란 오랜 명언이 있다. '법은 적을수록 좋다'는 금언도 있다. 복잡한 인간사의 모든 일을 법으로 일일이 규정할 수는 없다. 법이 많다고 좋은 사회가 아닐뿐더러 법만 자꾸 만든다고 문제점이 없어지는 것도 아니다. 강제 규정은 최소한으로 마련하고 당사자들이 자율적으로 좋은 근무 환경과 문화를 조성하고 관행으로 정착시키는 게 먼저다. 근로와 임금, 고용과 노사 관계만의 일이 아니다.

카톡이나 문자로 회사 관계자끼리 업무 연락을 나누게 됐다면 급한 사정이 생겼기 때문일 수 있다. 심야나 업무 외적인 일을 두고 상습적으로 연락한다면 '직장 내 괴롭힘 처벌법' 등으로 얼마든지 대처할 수 있고, 다른 제재법도 있다.

무서운 처벌법을 내세우기에 앞서 노사 간 자율적 단체 협약에 포함되도록 유도하는 것을 우선해야 한다. 그런 내용을 노사교섭을 통해 명시한 기업에는 고용 정책 등에서 인센티브를 주며 직장에서 자율적으로 좋은 관행이 정착되게 하는 노력을 기울이고, 그래도 문제가 심각하다면 그때 가서 법제화를 공론에 부쳐도 늦지 않다.

정부가 모든 것을 관할하고 개인사와 사적 관계까지 간섭·감독하겠다는 식의 '어버이 국가'는 곤란하다. 여기서 조금만 방향을 바꾸면 자칫 독재가 될 수도 있다.

고용과 근로 조건, 노사 관계로 보면 정부가 나서 바로잡아야 할 게 너무도 많다. 그런 시급한 과제에 비하면 '몇 시 이후엔 카톡 연결을 하라, 말라'며 간섭하겠다는 것은 한가한 발상이다. 일방적이고 강제적인 '주 52시간제'만 해도 근로자가 회사 측과의 합의하에 더 일하는 것을 막는 법이다. 자발적으로 돈을 더 벌고

싫어도 못하게 하는 이런 법부터 바로잡아야 한다. 경영계에서 불법 파업에 대한 회사 측의 대항 수단으로 '파견근로제'를 줄곧 요구하고 있지만 받아들여시지 않고 있다. 대다수 선진국이 시행 중인 이런 다급한 제도도 받아들이지 않으면서 엉뚱한 데에 열을 올린다.

【 생각하기 】
지식근로자 늘며 '휴식권' 요구 증가
처벌법 제정이 능사 아니다

이 문제는 '잊힐 권리'를 연상시키는 인터넷·SNS 기반 현대 사회의 논쟁거리다. 과거의 1·2차 산업 종사자와 업무 형태가 많이 다른 지식근로자가 늘어나면서 '쉴 때는 제대로 쉬고 싶다'는 요구가 늘어나고 있다. 안 그래도 한국의 연간 근로 시간은 국제사회에 비해 과도하게 많다는 게 한국 노동계의 해묵은 불만이다. 물론 여기서도 노동의 집중도, 즉 근로 시간에 얼마나 몰두해서 일을 하느냐는 별개의 문제로 남는다. 중요한 관심사지만 법을 만들면 해결된다는 증거도 없고, 그런 접근 방식이 늘 옳다고 보기도 어렵다.

먼저 노사 합의를 유도하고, 일터나 업무 계약 관계에서 자율적인 규율 여부를 지켜볼 필요가 있다. 일에는 우선순위가 있다. 근로 시간·임금과 고용 관계·노사 관계 등에서 풀어야 할 중요한 현안 과제가 한둘이 아니다. 이런 문제 해결이 먼저다. 법만 자꾸 만든다고 이상사회가 실현되는 게 아니다.

관공서의 점심시간 휴무제,
타당할까?

점심시간에 문을 닫는 관공서가 늘어나고 있다. 점심시간 휴무제는 지자체장의 재량에 따라 시행할 수 있는데, 2023년 4월 1일부터 지방의회 조례로 정하게 됐다. '민원처리법 시행령'이 바뀌었기 때문이다. 이 바람에 2023년 3월 중 서둘러 점심시간 휴무제를 시행하는 자자체가 늘었다. 공무원도 '정상적 점심시간'을 갖겠다는 요구로, 일종의 휴식권 확보 차원에서 비롯됐다. 반면 민원인들의 불편이 커졌다. 시민 입장에서는 각종 행정 민원 업무를 보기가 편한 점심시간에 관공서 문이 닫히면 업무 시간에 짬을 내거나 휴가를 써야 하기 때문이다. 무인 발급기로 해결 가능한 행정서류가 많이 늘었지만, 인감증명서나 여권처럼 기계로 안 되는 일도 많고 고령자가 많은 지역도 있다. 공무원에게도 일반 시민과 똑같은 점심시간을 보장해줘야 할까?

공무원도 '휴식권'은 보장해야
자동 발급 기기도 많이 보급

공무원도 통상 오전 9시에 출근해 오후 6시에 퇴근하는 직장인이고 생활인이다. 낮 12시부터 오후 1시까지 점심시간 보장은 직장 생활의 기본이다. 시·도, 시·군·구 같은 곳에서 일하는 지방공무원의 복무 규정에도 점심시간이 명시적으로 보장돼 있다. 점심시간은 근로에 따른 휴식권의 하나로 어떤 경우에서든 우선적으로 보장돼야 한다. 민원인의 편의를 도모한다는 취지는 좋지만 이를 명분으로 법에 보장된 휴식권을 빼앗는 관행에서 이제 벗어날 때가 됐다. 민원인 편의 도모 차원에서 그동안 점심시간에도 대개 사무실 기능을 유지해왔고, 이 바람에 일선 창구 공무원은 편하게 점심 식사를 하기 어려웠다. 정보기술 발달과 행정 시스템의 발전으로 점심시간에 업무 창구가 닫히는 데 대한 불편은 많이 줄었다. 가령 가장 많이 발급되는 행정 서류인 주민등록등·초본, 가족관계증명서, 지방세납세증명서, 건강보험자격득실확인서 같은 민원은 모두 무인 발급기로 처리할 수 있다. 그 외 대면으로 가능한 서류 발급이나 행정은 수요자 스스로 점심시간이 아닌 업무 시간대를 이용하면 된다. 그 정도의 '노력'을 기울이게 하는 게 결코 무리한 요구라고 보기는 어렵다.

유럽 등지의 선진국과 비교해보면 한국 행정이 얼마나 빠른지 알 수 있다. 프랑스 같은 곳에서는 간단한 행정도 하세월로 길게 걸리는 경우가 많다. 최근 한국 풍토는 거의 '민원인은 왕' 수준이어서 너무 많은 것을 공무원에게 요구하는 경향이 있다. 점심시간도 보장해주지 않으면서 어떻게 창의적인 행정을 기대하겠나. 더구나 일선 지자체로 가면 창구 공무원의 급여가 여전히 열악하다. 월급도 적은 판에 점심도 제시간에 먹지 못하면 좋은 인재들이 공무원 근무를 기피할 것이다. 공직의 수준이 떨어지면 이용자인 국민 손해다. 근로 휴식권 같은 작은 권한은 당사자 요구가 없어도 시민사회가 확보해주려고 해야 정상이다.

【 반대 】

점심시간은 민원인이 더 몰리는 때
휴무 확대가 아니라 전부 되돌려야

공무원을 왜 공직자라고 하는지 그 이유를 곰곰이 되씹어볼 필요가 있다. 현대 사회에서는 민·관 할 것 없이 모두 자기 위치에서 역할을 다하고 잘하는 게 공공의 선에 부합하고 나라 발전에 이바지하는 길이다. 민간과 공직 사이에 어떤 우열이나 우선도 없는 다원화된 사회다. 그렇다 해도 각각의 특징과 지향점은 엄연히 있다. 민간 분야보다는 공무원이 국가·사회 시스템이 효율적으로 유지되고 나아지는 데 좀 더 직접적으로 기여한다고 보는 게 상식적이고 이성적이다. 사회에 대한 직접 책임 의식도 공무원이 더 가지는 게 바람직하다. 어떤 나라를 봐도 그게 보편적 가치다.

그런데도 공무원도 똑같이 12~1시 점심시간을 이용하겠다며 민원인 방문이 많은 시간에 관공서 문을 닫는다는 게 말이 되나. 점심 식사를 못하게 하는 것도 아니고, 30분 일찍 시작하거나 늦춰서 하면 된다. 또는 당번제로 점심시간을 조금씩 변형해도 된다. 무인 민원 발급기가 많이 보급되었어도 인감증명서, 주민등록증, 여권, 본인서명사실확인서 등은 대면 업무로만 가능하다. 또 전국 각 지자체에는 고령자가 많은데 이들은 무인 발급기 이용에 어려움을 느낄 수 있다. 민원인의 불편을 가중시키는 행정은 곤란하다.

전국 226개 기초 지자체(시·군·구) 가운데 점심시간 휴무제를 시행 중인 곳이 64곳에 달한다. 더 확대할 게 아니라 오히려 이런 곳의 점심시간 문 닫기를 중지해야 정상이다. 대구 지역 8개 기초 지자체는 4월부터 점심시간 휴무제를 시범 시행한 뒤 10월 지속 여부를 결정하기로 했다가 도입을 아예 중단했다. 반대 여론에 귀를 기울인 것이다. 이게 바람직하다. 시간을 쪼개 점심시간에 행정 관련 용무를 처리하겠다는 게 민원인의 입장이다. 이들의 불편을 보완할 대책을 제대로 세우지 않고 휴무제를 하겠다는 것은 지나친 행정 편의주의일 뿐이다.

공기업에 파급효과도 감안해야
요구 일리 있으나 소탐대실할 수도

민주화된 다원화 사회에는 요구도 많고 주장도 많다. MZ세대가 사회로 진출하면서 공직도 예외가 아니다. '부패와 일탈에서 자유롭되 직업인으로서 정당한 기본 권리는 달라'는 요구로 볼 수 있다. 운영의 묘를 살리되 공무원 스스로도 복합 경제 위기로 사회적 난제가 첩첩이 쌓인 상황을 잘 인지할 필요가 있다. 더구나 공무원이 '복지', '휴식권' 등을 많이 외치면 정부 산하 공기업과 공공기관에도 영향을 미칠 수밖에 없다. 사회적으로 좋은 결과를 기대하기 어렵다. 공무원 노동조합 등에서 이런 주장을 특히 더 내놓고 있지만, 자칫 소탐대실할 가능성도 있다. 고령자 등 정보기술·AI 시대에 뒤떨어진 그룹을 배려하는 것도 공직의 주요한 덕목이다. 이런 주장이 공직 사회에서 나오는 것보다 사회단체에서 먼저 나왔더라면 좋겠다는 생각을 해보게 된다.

독신 직원 위한 '비혼지원금' 지급, 어떻게 봐야 할까?

2023년 초, 일부 대기업에서 '비혼(非婚)지원금'을 지급해 관심을 끌었다. 저출산 시대에 부응한 '결혼지원금'은 익숙하지만, 결혼을 안 하는 데 대한 지원·보상은 아직 생소하기 때문이다. 서유럽과 북유럽처럼 한국에서도 1인 가구가 급증하면서 나타난 새로운 양상이다. '기업이 필요한 인재를 붙잡고, 더 확보하기 위한 자구적 조치'라는 평가가 나오는 와중에 '초저출산의 인구 절벽이 한국 사회의 중대한 극복 과제인데, 결혼·출산을 가로막는 처사'라는 비판도 적지 않다. 비혼주의자들은 "상대적으로 많이 내는 세금이 출산 가정에 더 쓰이고 정작 우리를 위한 정부 지원책은 없는 게 현실"이라며 당연하다고 주장한다. 하지만 대기업 행보로는 적절하지 않다는 반대론에 동조하는 사회 여론이 좀 더 높은 것도 사실이다. 기업의 비혼지원금, 어떻게 볼 것인가.

【 찬성 】

독신주의 직원 붙잡기 위한 회사 고육책
결혼 여부로 사원 복지 차별은 안 돼

먼저 전제할 것은, 아직은 기업이 무조건 비혼지원금을 주는 것은 아니라는 점이다. LG유플러스의 경우 '만 43세 이상, 근속 기간 10년 이상'이 대상이다. 아무나 주는 게 아니라 회사에 기여해왔고, 독신이 사실상 확인되는 경우로 제한한다. 대상자에겐 월 기본급의 100퍼센트, 경조사 유급 휴가 5일을 준다.

'미혼자 경조'라는 제도를 도입한 롯데백화점의 경우 만 40세 이상 미혼 직원이 회사에 신청할 경우 결혼하는 직원과 똑같은 경조금과 휴가를 받을 수 있다. 결혼식에 보내는 화환 대신 '반려식물'도 보내 결혼과 같은 대우를 해준다. 이런 제도를 도입했거나 하려는 기업이 많이 늘고 있다.

변한 세태에 맞춘 당연한 추세. 비혼이 늘어나는 것은 시대상이고, 1인 가구가 늘어나는 것도 거대한 흐름이다. 기업이 종사자에게 급여 외 복지 지원을 해준다면 고루 해줘야 한다.

다양한 삶과 생활 방식에 맞춰 동등한 혜택을 주는 게 맞는다면, 결혼을 하느냐 않느냐에 따라 달리 대우하는 것은 명백한 차별이다. 결혼도, 출산 여부도 개인과 개별 가정의 선택인 시대 아닌가.

홀로 사는 직원이 결혼하는 동료가 결혼축하금과 출산축하금을 받을 때마다 느끼는 박탈감을 생각해보라. 복지나 임금에 차이가 있다면, 회사에 대한 기여의 차이, 즉 생산성에 따른 것이어야 한다. 일하고 성과를 내기 위해 모인 조직이 기업인데, 업무 역량이나 기여도보다 결혼 여부에 따라 다른 대우를 한다면 공정과는 거리가 멀다. 비혼 직원에게도 동기 부여를 할 필요가 있고, 그런 제도는 유능한 인재가 더 모여들게 한다. 무한경쟁 시대에 회사가 살아남으려면 더한 제도도 도입 못할 이유가 없다.

더구나 비혼 직원은 가족 공제 등이 없어 세금도 더 낸다. 아이를 출산할 때 국가가 얼마나 많은 경제적 지원을 해주나. 그런 차이를 메워주겠다는 것은 전적으로 회사 자율의 경영 판단이고, 노사 합의에 달렸다.

【 반대 】
저출산은 재앙 같은 국가 중대 위기
기업이 비혼 부추기는 메시지 줘선 곤란

기업 단위에서 자율로 할 일인 것은 맞다. 하지만 대기업, 특히 상장기업은 기업공개 등을 통해 법적·제도적으로 큰 혜택을 누린다. 세금을 잘 납부하는 것으로 기업의 기본 역할은 다하지만, 사회적 기대치라는 것도 엄존한다. '기업의 사회적 책임'이 있다는 것이다. 더구나 급증하는 비혼과 세계에서 출산율이 가장 낮은 나라가 된 한국의 인구 절벽 현실을 기업도 직시하고 함께 고민할 필요가 있다.

아무리 글로벌 시장으로 진출하는 대기업이라지만 국가, 사회가 있어야 기업도 존재하는 것 아닌가. 기업이 결혼을 유도하고 출산을 장려해도 인구가 줄어드는 판에 대기업이 앞장서 비혼·비출산을 부추기는 행태를 보여서는 곤란하다.

인터넷상의 한 여론조사를 보면 기업의 비혼지원금에 대해 '부정적'이라는 응답이 65퍼센트인 반면 '긍정적'이라는 응답은 18퍼센트에 그쳤다. 사회의 일반적 시각이 이렇다는 걸 인지해야 한다. 여론과 유행을 반드시 좇으라는 것은 아니다. 하지만, '결혼하지 않아도 좋고, 불이익도 없다'는 식으로 비혼을 부추기는 듯한 메시지를 던져서는 안 된다.

한국은 인구 측면에서 위기 국가다. 2020년부터 절대 인구가 줄어들어 2022년 한 해 동안에만 20만 명이 감소했다. 더구나 세계에서 제일 빠른 속도의 고령화도 함께 진행돼 경제 활동을 하는 생산가능인구는 더 줄어들게 된다. 정부가 출산 대책을 세우고 인구 유지에 아무리 애를 써도 민간 부문에서 이렇게 둑이 무너지면 말 그대로 백약이 무효다. 다소 심하게 접근하면 지금은 어떤 식으로든 '독신세(稅)'를 신설하고 부과해야 할 상황이다.

이런 상황에서 이익도 많이 내고 회사 경영에도 여유가 있는 대기업이 저출산을 부추겨서는 곤란하다. 회사 경영진은 물론이고, 이 대목에 관한 한 툭하면 복지 투쟁을 일삼는 노동조합의 자제 캠페인이 절실하다. 꼭 복지 혜택을 주고 싶다면, 1인 가구의 경우 그 부모를 지원하는 식으로라도 방법을 바꾸는 것이 좋다.

【 생각하기 】

기업 판단이 중요
주택·세제 지원, 보육·교육 부담 경감 등 정책 강구해야

비혼·저출산 시대의 갈등이 다양한 형태로 나타나고 있다. 이것도 변한 시대상에 따른 현대 사회의 그늘이다. 인구 절벽은 국가·사회의 공통된 숙제라는 사실, 저출산 대책을 연거푸 내놓지만 정부 대책으로는 이렇다 할 효과를 못 보는 게 현실이라는 점을 보면 일부 대기업의 비혼장려금이 논란거리가 될 수 있다.

그럼에도 각자의 사정에 따라 독신으로 살겠다는 자유 성인의 의지는 존중돼야 하고, 어떤 이유에서든 차별 대우도 근절돼야 한다. 더구나 우수 인재 확보에 고심하는 개별 기업 차원에서 나온 판단이라는 점을 간과해선 안 된다.

그렇다면 결혼과 출산에 대한 유도책을 정책 차원에서 더 강화해 다른 쪽에서 결혼을 장려하는 것도 방법이다. 가령 임대주택 및 분양에서 우대, 세금 감면 혜택, 자녀교육비 부담 줄이기 같은 정책이 대표적이다. 결혼 가정과 비혼의 1인 가구를 갈등 구조로 몰아넣거나, 섣불리 간섭하는 정책은 금물이다.

독립 내세운 'MZ 노조'까지 국고 보조금을 받는 게 적절할까?

'MZ세대 노조'가 기존 양대 노총의 대안 노동 운동 그룹을 자임하고 나섰다. 이들은 특정 정치 구호가 난무하는 양대 노총의 '정치 투쟁'에 문제를 제기하면서 올바른 노사 관계 구축과 고용·임금·근로 조건 등 '순수 노동' 이슈에서 근로자 권익을 추구한다는 전략을 세워 시선을 끈다. 2023년 2월, 일부 대기업과 공기업의 사무직 노조를 중심으로 '새로고침 노동자협의회'라는 연대 조직이 그렇게 생겨났다. 새로고침 노동자협의회는 적어도 단체 차원에서는 정부 보조금도 받지 않겠다는 방침을 밝혀 신선한 충격을 주기도 했다. 기존 거대 노조가 수십억 원 이상 받은 것과 대조적이다. 다만 이 단체의 개별 노조나 MZ 계열의 다른 대기업 사무연구직 노조는 별도로 지원금을 신청해 수천만 원씩 받게 됐다. MZ 노조의 국고 보조금 받기는 적절한가.

【 찬성 】

대정부 투쟁하며 거액 받아온 거대 노조
이미 책정된 예산, 받고 잘 쓰는 게 중요

정부 보조금은 저마다 관련법에 의해 배분되는 합법적 예산 지원금이다. 윤석열 정부만이 아니라 역대 다른 정권에서도 보조금을 운용해왔다. 정책을 효과적으로 펼치기 위한 하나의 방식이고, 2023년의 경우 639조 원에 달하는 정부 지출 예산의 집행 통로이기도 하다.

보조금을 받는 대상도 노조만이 아니다. 문화예술인·장애인·체육인 등 영역별로나 지역적으로도 다양하게 배분된다. 중앙정부와 지방자치단체가 집행하는 지원금은 출산과 양육, 취업과 근로 장려 등 총 1,000가지가 넘는다. 노조를 특별 대우해주는 것이 아니라, 하나의 직능 단체로 보고 건전한 노사 관계 형성을 명분으로 지원하는 것이다.

고용노동부가 2023년에 집행하는 노조 지원금만 해도 총 44억 7,000만 원에 달한다. 고용부는 이 가운데 절반인 22억 원을 신규로 참여하는 단체에 지급하도록 기준을 정했다. 신규 노조에 이렇게 큰 예산을 배정하는 것은 강성 투쟁 일변도로 노동계 내부에서조차 비판받는 기존 양대 노총의 기득권을 깨기 위한 정책적 배려다.

그런 만큼 이 기준에 부합하는 MZ 노조가 정부 보조금 사업에 적극적으로 참여해 최대한 많이 받아내는 게 자연스럽다. 이 예산은 국회 심의를 거쳐 이미 책정된 것이어서 새바람을 일으키는 MZ세대의 새 노조들이 받지 않으면 기존의 구체제 노조 몫이 되거나 예산 자체가 소멸할 수밖에 없다.

보조금을 받되 좋은 쪽으로 올바르게 쓰면 된다. 대정부 투쟁이나 주한미군 철수와 북한 동조 주장을 하는 대규모 정치 집회 같은 데 쓰지 않고, 중소기업 등의 열악한 노동 조건을 개선하는 데 쓰면 좋은 일이다. 당연히 집행 내역을 낱낱이 밝히고 회계도 투명하게 처리해 기존 노조에 모범을 보이면 더 돋보일 것이다. 기존 거대 노조들이 공금 처리를 투명하게 하지 않고 회계장부 공개를 거부하면서 얼마나 큰 비판을 받았나. 이것만 잘해도 노동운동의 새바람이다.

【 반대 】
젊은 새 노조 출범 취지·명분 살려야
저비용 지향, 부족하면 조합비 올리기로

새로고침 노동자협의회가 적어도 2023년에는 정부 보조금을 받지 않기로 한 결정을 존중할 필요가 있다. 이런 결정에도 불구하고 현대자동차그룹의 사무연구직 노조 등이 고용부에 지원금을 신청해 정부로부터 '지원 자격이 있다'는 통보를 받은 것은 아쉽다. 새로고침 노동자협의회가 내부 표결을 통해 정부의 '노동 단체 지원 사업 개편안'에 따른 보조금 사업을 신청하지 않기로 한 것은 독립성 유지가 그만큼 중요하다고 판단했기 때문이다. 정부 보조금을 받으면 노조 운영에 도움이 될지 몰라도 정부 눈치를 안 볼 수가 없고, 독립과 자율을 내세우는 노조 활동에 궁극적으로 도움이 되기 어렵다.

그렇다고 기존 노조처럼 낯 두껍게 '보조금 수령 따로, 투쟁 따로' 행동할 수는 없다. 양대 노총과 그 산하의 조직들은 정부의 노조 보조금 가운데 90퍼센트 이상을 받아 쓰면서 그동안 어떤 행보를 보여왔나. 이는 국민 혈세로 조성한 정부 예산을 제대로 썼는지, 과연 성과는 남겼는지와는 다른 차원의 문제다. 양대 노총이 이런 정부 보조금만 받지 않았어도 지금과 같은 과도한 비판을 받지는 않았을 것이다.

설령 노조가 정당처럼 정치적 행보를 해도 정치 투쟁을 자체의 조합비로 움직인다면 비조합원이 간섭하고 비난할 여지도 사실상 많지 않다. 공공 자금을 받아 엉뚱한 데 써서 더욱 문제가 된 것이다. 혁신과 독립, 노조의 제자리 찾기를 주창하며 조직된 새로운 MZ 노조가 이런 행태를 따라가선 안 된다.

MZ 노조도 조합원으로부터 노조 활동비를 걷는다. 모든 노조가 마찬가지일 것이다. 이 예산으로 노조 본래의, 고유의 활동을 하면 된다. 그게 노동 운동 혁신을 내건 젊고 새로운 노동 운동 그룹의 올바른 모습이다. 노조비가 적다면 그에 맞춰 '저비용 활동'을 하고, 그래도 모자라면 조합원에게 양해를 구해 노조비를 올리는 게 맞다. 조합 전임자만 줄이거나 없애도 지출 비용은 크게 줄어든다. 노조 활동의 거품을 빼는 것만으로도 개혁이다.

【 생각하기 】

2016~2022년 NGO에 간 보조금 31조
정부 돈 안 받아야 '독립'

10개가량 개별 노조의 연합체인 새로고침 노동자협의회는 정부 지원금을 받는 게 타당한지에 대해 내부 토론을 진지하게 했다고 한다. 새 노조의 빠듯한 재정 형편에 통상 '눈먼 돈' 정도로 여기는 보조금에 대한 유혹이 컸을 것이다. 그래도 정부 예산을 받게 되면 독립성을 유지하기 어렵다는 점 때문에 보조금을 안 받기로 했을 것이다. 바람직하다. 다소 힘들어도 멀리 갈 수 있는 길을 택한 셈이다.

2016~2022년까지 7년간 각종 사회단체와 협회·재단·연맹·복지시설 등 비영리 민간단체(NGO)에 총 31조 4,000억 원의 정부

보조금이 나갔다. 문재인 정부 들어 많이 늘었다. 서울시에서만 한때 연간 보조금 예산이 1조 원에 육박하기도 했다.

그 결과 NGO의 자율성과 독립성은 퇴색하고 특정 정치색만 짙어졌다. 정부나 지자체 예산을 넘보게 되면 '어용'으로 전락할 공산도 크다. 보조금은 노조들만의 문제가 아니다.

5인 미만 사업장에도 근로기준법 적용, 노동 약자 위하는 길일까?

5인 미만 소규모 사업장 근로자에게도 근로기준법을 적용하면 어떤 결과가 나타날까? 부작용은 없을까? 2023년 6월, 여당인 국민의힘이 이를 추진하고 나섰다. 국민의힘과 윤석열 정부가 "노조의 불법 등에 대해 강경 대응만 하는 게 아니다"라는 차원에서 노동 시장 취약 계층 껴안기에 나선 셈이다. 바로 전면 적용은 아니고 유급 휴가, 휴일·야간 수당 지급을 시작으로 순차적으로 하자는 것이었지만 만만찮은 파장이 예상됐다. 소규모 자영업자와 영세 소상공인에게는 큰 부담이 되기 때문이다. 단순히 인건비 상승으로 그치지 않는다. 300만 명이 넘는 5인 미만 사업체 근로자에게는 일단 희소식이 될 수 있지만, 일자리 소멸을 재촉한다는 차원에서 보면 이들에게도 장기적으로는 도움이 되기 어렵다. 소규모 사업장으로 근로기준법 적용을 확대해야 할까.

법 보호 사각지대 근로자 처우 개선 필요
단계적 시행으로 '노동계 껴안기'

많은 이가 한국 일자리 시장의 양극화를 걱정한다. 이른바 노동 시장의 이중 구조가 문제다. 대기업과 중소기업, 거대 노조가 자리 잡은 기업과 영세 사업장, 정규직과 비정규직, 대형 원청기업과 소규모 협력·하청업체 등으로 근로자 그룹이 나뉜 것은 어제오늘 일이 아니다.

기본적인 문제는 수입(급여) 격차가 크게 나는 것이다. 하지만 임금 외에도 근로 시간, 복지, 노조의 보호 여부와 사회적 위상에 이르기까지 모든 면에서 양극화가 심화되고 있다. 최악은 5인 미만 영세 사업장 근로자들이다. 노조가 없는 데다 근로기준법 적용 대상이 아니기에 비롯된 측면이 크다. 모두 걱정하지만 우려만 한다고 풀릴 사회적 고민거리가 아니다.

노동권의 사각지대에 있는 5인 미만 사업장 근로자는 313만 8,284명(2021년)에 달한다. 전체 근로자의 17퍼센트가량이다. 이런 양극화는 걱정만 한다고 해결되지 않는다. 근로자 권익 향상을 주장해온 한국노동조합총연맹(한노총)과 전국민주노동조합총연맹(민노총) 등 양대 노총도 취약 계층 보호와 권리 제고를 외치지만 말뿐이다. 민노총 산하 일부 대형 사업장에서는 원청(대기업 본사)

노조의 반대로 같은 사업장에 파견 나온 하청(중소협력기업) 직원들이 회사 내 식당을 이용하지 못한 적도 있다. 노동 운동을 벌이는 노조 세력에만 이 문제를 맡겨둘 수 없는 상황인 만큼 정부가 나서야 한다.

고용노동부의 2023년 신년 업무 계획 발표 때 포함된 정책이라는 점도 중요하다. 국제 기준으로도 영세 사업장 근로자 처우 개선은 필수다. 일거에 근로기준법을 전면 적용하자는 게 아니라, 야간·주말 근로 때 그에 맞는 임금을 지불하자는 것과 유급 휴가로 휴식권을 주자는 정도다. 고용 시장에 미칠 영향을 감안한 것이다. 한국의 경제 규모나 발전 수준을 감안할 때 이 정도는 수용해야 선진경제로 도약할 수 있다. 언제까지 노동 약자의 고충을 외면할 수는 없다. 단체행동권을 보장하는 등 근로기준법 전면 적용을 앞당겨야 한다.

【 반대 】

위기의 자영업자·소상공인 현실 도외
임금 부담 키워 일자리 줄일 수도

근로자 5인 미만의 사업체는 123만 9,760개(2021년)로 전체 사업장의 62퍼센트에 달한다. 이런 사업장에 대해서도 최저임금 같은 근로기준법의 주요 조항은 이미 적용되고 있다. 여기에 연장·휴일·야간 수당을 다 주고, 유급 휴가에다 부당 해고 구제 신청권까지 법으로 모두 보장하면 소규모 사업장 가운데 몇이나 살아남을까를 생각해야 한다. 4인 고용 사업장에 야간·휴일 등 가산 수당을 지급할 경우 사업자는 연간 1,600만 원을 추가 부담해야 한다. 소상공인들의 월평균 영업이익은 233만 원(2021년)으로 근로자 월평균 임금 327만 원보다 훨씬 적다.

이런 현실에서 근로기준법을 확대하면 사업장 대표의 상당수는 법 위반자로 전락할 수 있다. 그렇지 않으면 고용 축소로 이어질 것이고, 그래도 안 되면 사업장은 문을 닫을 게 뻔하다. 이런 이유로 친노조 성향의 문재인 정부 때도 시행을 서두르지 않았다. 역시 친노조 성향으로 현재 21대 국회의 과반 의석을 차지하고 있는 더불어민주당도 이를 법제화하지 않고 있다.

그러잖아도 급격한 최저임금 인상에 강성 노조의 임금 투쟁이 겹쳐 인건비는 갈수록 치솟고 있다. 임금 상승은 속성상 바로 전 산업계로 퍼진다. 결국 물가 상승으로 이어지고 경기가 침체되면서 영세 사업자들은 더 힘들어진다. 근로기준법 확대 적용은 이런 악순환을 악화시킨다. 사업주는 폐업하거나 키오스크·로봇 도입으로 인력 채용을 피하는 자구책을 도모할 것이다.

이 과정에서 고용주인 영세 사업자와 피고용자인 영세 근로자 사이에 갈등만 키우게 된다. '을(乙)'끼리의 전쟁이 일어나며, 약자를 더 어렵게 하는 '약자 보호의 역설'이 일어날 것이다. 문재인 정부 때의 급격한 최저임금 인상, 비정규직의 무리한 정규직화 같은 정책이 대개 선의로 포장됐지만, 일자리를 없애는 등 정반대 결과를 초래했다. 이런 일이 되풀이되면 노동 약자만 힘들어진다.

【 생각하기 】

'을'들의 전쟁 유발
고임금, 안 주는 게 아니라 못 주는 상황도 많아

한국의 근로기준법은 6·25전쟁 통에 제정됐다. 근로자가 절대 약자일 때 만들었는데 이후 세상이 많이 변했다. 많이 변한 노사 관계 등 여러 가지 상황을 새로 반영할 필요가 있다. 그간 여러 차례 근로기준법 개정에도 불구하고 한국경영자총협회 등 기업계가 이 법의 전면적 정비를 촉구해온 배경이다.

문제는 이 법을 5인 미만의 영세 사업장에까지 적용했을 때의 파급효과다. 세상은 선의대로만 움직이지 않고, 의도가 좋다고 결과도 좋으란 법이 없다는 사실을 재확인하게 될 공산이 크다. 일자리 축소, 고용·노동 시장에서 약자끼리의 대립 부추김 같은 부작용이 생길 수 있다는 얘기다.

최저임금을 엄격하게 적용하도록 하면서 영세 근로자에 대한 세금 우대를 해주는 근로장려세제(Earned Income Tax Credit, EITC) 확대 같은 방식이 나을 수 있다. 인기 있는 정책과 실제로 도움이 되는 정책은 다를 수 있다. '높은 임금'은 안 주는 게 아니라 못 주는 것일 때도 적지 않다.

초과·연장 수당을 미리 정하는
포괄임금제 금지법 제정, 타당한가?

근로 형태로 볼 때나 업무 성격상 법정 근로 시간을 초과한 연장·야간·휴일 근로 등이 예정돼 있는 경우 노사 간 약정으로 연장·야간·휴일 근로를 미리 정한 후 임금도 미리 산정하는 방식을 포괄임금제라고 한다. 매월 일정 금액의 제반 수당을 기본임금에 포함하는 식이다. 추가근무 수당 계산이 어려운 일에 많이 적용된다. 2023년 4월, 포괄임금제(포괄임금계약)를 금지하는 내용의 근로기준법 개정안이 국회에서 나와 경영계는 물론 노동계 일각에서도 우려를 표했다. 추가근로에 따른 수당을 지급하지 않는 경우, 즉 포괄임금제 악용을 막겠다는 취지의 발의였지만 해당 직업군의 특성을 이해하지 못한 처사라는 비판이 적지 않았다. 노사 간에 초과·연장 수당을 미리 계산하는 포괄임금제를 법으로 원천 금지하는 게 타당할까.

【 찬성 】

근로 시간 시작과 종료 측정 명확해야
'업무 준비·대기'도 근로, 노동 착취 안 돼

포괄임금제를 활용하는 경우는 통상 '전문직'이다. 신문사에서 정규직으로 일하는 칼럼니스트나 방송사 소속의 작가와 전문 앵커, IT업계의 디자이너, 특정 회사에 소속된 경영 자문 컨설턴트 같은 경우다. 생산라인이 정상적으로 가동되도록 살펴보는 유지·보수 엔지니어도 해당될 수 있다. 이들은 사무실이나 작업 공간에 나오는 자체가 근무라고 봐야 한다. 그런데 한국에서는 이런 종류의 사무직, 연구개발직, 특수한 생산 현장의 근로자에 대해 추가근무 수당을 주지 않기 위한 방편으로 포괄임금제가 이용되는 경우가 적지 않다.

가령 한국의 사무직은 추가근무 수당이 없는 경우가 많다. 있어도 통상 시급의 150퍼센트가 아니라 교통비 등 다른 명목으로 임금을 보전하는 경우가 적지 않다. 회사(고용주) 측에서 연봉계약서를 작성할 때 '주 ○○시간의 추가근무 수당을 포함한다'라는 조항을 끼워 넣는 식이다. 일의 형태가 어떠하든 간에 근로자가 회사(작업장)에 도착하는 순간 노동이 시작되고, 명시적으로 회사 문을 나서는 때까지는 근로 시간이라고 봐야 한다. 일거리 확보와 배당은 사측의 책무다. 그런데도 직접 작업을 하지 않고 대기하는 시간 또는 준비 중인 시간이 길다고 근로 시간에서 빼거나 포괄적으로 적게 산정해 임금 계산을 한다면 노동 착취다. 사무직은 많은 경우 추가근로 시간 산정이 어렵다. 이런 특성에도 불구하고 추가근무 수당을 제대로 주지 않기 위한 방편으로 포괄임금계약을 맺는다면 근로기준법 취지에 맞지 않다. 공무원에 대해 포괄임금제를 적용하지 않는 것도 공무원들은 일하는 시간에 대해 명확하게 규정하기가 어려운데다 이 제도에 구조적 결함이 있기 때문이다. 공직에도 적용하지 않는 것을 민간에 허용해서 악용의 소지를 만들어선 안 된다. 야당(더불어민주당)에서 사용자에게 근로자의 업무 개시와 종료 시간 측정·기록을 의무화하는 법안을 낸 것도 근로 시간을 명확히 하자는 취지다.

【 반대 】
근로 시간·장소 유연화, 노사 합의 관행
법원도 다양한 판례로 포괄임금 인정

포괄임금계약 금지는 급변하는 시대 변화에 역행한다. IT와 디지털 기술이 고도화되면서 갈수록 특정 장소와 시간에 얽매이지 않는 근로가 급격히 늘어나고 있다. 코로나19 사태 이후에는 재택근무가 보편화되고 원격 업무도 일반화됐다. 과거처럼 단순히 외형적인 노동 시간을 계산하는 것보다 창의성 여부가 생산성을 좌우하는 시대가 됐다. 근로 시간의 측정과 기록을 강제하면서 포괄임금제를 금지한다면 근로자의 흡연 시간이나 커피 타임, SNS와 e메일 이용 시간은 어떻게 배제할 것인가. 이런 문제까지 모두 계산하고 따지면 노사 간에 갈등만 부추기게 된다.

포괄임금제에 대해 법원이 판례로 인정을 해왔고, 노동 현장에서도 노사 간 합의로 정착된 관행이라는 사실이 중요하다. 최근 법원은 병원 내 장례식장에서 일했던 장례지도사들이 낸 포괄임금제 관련 소송에서 병원 측 손을 들어주며 이 제도를 인정했다. 장례식장에서 격일로 24시간 근무하는 장례지도사들 주장대로 포괄임금제를 무효화하면 이들의 월급은 340만 원에서 600만 원으로 치솟을 판이었다. 하지만 법원은 비업무 시간에 대해 "업무 밀도가 떨어지고 대기 시간이 길다"며 포괄임금계약이 타당하다고 판단했다. 다른 법원은 공항에서 수하물 X선 전자태그를 부착하는 용역업체 직원의 소송 건에서도 "항공기 도착 사이 대기 시간이 길고 정확한 근무 시간을 사전에 확정하기 어렵다"며 같은 취지의 판결을 내렸다.

경직적인 주 52시간제와 근로 현실의 간극을 메워 노사 간 갈등을 완화하는 기능도 무시할 수 없다. 그래서 노동계 일각에서도 찬성하고 있다. 포괄임금제에서는 근로자가 주어진 시간 내에 업무를 완수하려 노력하기 때문에 불필요한 야근과 장시간 근로를 방지하는 효과도 있다. 이 제도 자체가 무조건 근로자에게 불리한 것도 아니다. 무상 노동을 유발한다는 주장 또한 사실과 다르다.

【 생각하기 】

고용 형태·근로 시간·임금 계산 급변
악용 막되, 금지가 해법 아니다

고용 형태, 근로 방식과 더불어 임금(산정 및 지급)에 대한 규칙도 다양하게 변해왔다. 근로기준법의 주요한 내용이기도 하다. 고용 계약의 형태, 근로 시간만큼이나 임금 계산도 그만큼 노동 이슈에서 중요하다. 포괄임금제는 원래 전문성을 요하는 직업, 단순히 근로 시간보다 생산성과 결과물을 중시하는 직업군을 대상으로 한 것이었다. 제조업에서도 근무 시간이 불분명한 경우, 일반 기업에서는 고위급 경영진과 고액 근로자들이 대부분 대상이 된다. 이게 '일반 근로자'에 자연스럽게 확대되었는데 국회(더불어민주당)에서 법으로 강제시키려 하면서 논란이 됐다. 악용은 막아야 하지만 강제 금지가 능사는 아니다. 노동과 급여의 개념이 급변했고, 근로 형태가 유연한 직업군이 계속 늘어나는 게 엄연한 현실이다. 근로자들에게 무조건 불리한 게 아닌 만큼 노사 간의 긴밀한 협의로 오·남용을 막는 게 중요하다.

취업난 속 외국인 근로자 채용, 업종별 심사 허가제가 필요한가?

한국은 중증 인구 감소국이다. 특히 경제활동인구 감소는 경계할 일이다. 이외에도 '일자리 미스매치(불일치)'라는 난제가 있다. 즉 일부 산업 현장에는 일손이 모자라는데, 청년 실업자는 걱정스러울 정도로 많은 현상(구직난)이 동시에 일어나고 있다. 생산성의 한계 때문에 높은 임금을 주기 어려운 일자리가 여전히 많지만, 전반적인 경제 수준 향상으로 실업자들의 기대 임금은 높아지면서 생긴 불일치다. 이런 사정 때문에 외국인 근로자들이 대거 국내로 온다. 산업 현장의 인력이 부족하면 경제에 타격이 크기 때문에 정부는 외국인 근로자 입국 비자를 확대해 나가고 있다. 다만 국내 일자리를 넘겨주는 측면이 있어 고용 허가제로 간다. 이 바람에 산업 현장에선 희비가 엇갈린다. 외국인 근로자의 채용, 전면 허용이 아닌 업종별 심사 허가제가 필요한가?

【 찬성 】

무분별한 인력 수입이 청년 일자리 잠식
3D·저임금 산업부터 단계적으로 허용해야

한국의 고용 시장은 겉으로는 안정적으로 보이지만 내용을 들여다보면 문제가 적지 않다. 무엇보다 청년 고용이 좋지 않다. 대학 졸업 후에도 제대로 된 일자리를 구하지 못해 파트타임으로 일하는 20대 불완전 취업자가 74만 명에 달한다(2023년 11월 기준). 전체 시간제 근로자 5명 중 1명이 20대 청년이다. 15시간 미만 근로자는 주휴 수당이나 퇴직금도 없다. 이렇게 초단기 아르바이트를 전전하는 청년들을 내버려둘 수는 없다.

취업 활동을 하지 않고 그냥 노는 청년은 실업자로 분류되지도 않는다. 그냥 쉬는 청년이 2023년 내내 40만~50만 명이었다. 특정 달에는 50만 명을 훌쩍 넘기도 했다. 15~29세 청년들의 경제 활동 참가율도 50퍼센트 안팎으로 상당히 부진하다.

이들을 생각하면 외국인 근로자를 마구 받아들여서는 안 된다. 중소기업계와 농업 부문을 비롯해 산업 현장의 인력 공급은 필요하다. 하지만 국내 일자리를 가급적 한국 청년과 실업자들에게 가도록 유도해야 한다.

현실적으로 줄 수 있는 급여와 구직자·실업자의 기대 임금 격차에 따른 '일자리 미스매치' 때문에 외국인 근로자를 고용할 수밖에 없는 실정이라면 정책 자금을 동원해서 그 간격을 메꿔주는 것도 좋은 방법이다. 이미 고용 창출에 정부 예산을 투입헤온 판에 정부 보조금으로 낮은 임금을 보전해주는 것은 문제가 되지 않는다. 오히려 경제 활성화 효과를 유도할 것이다.

산업별로 봐도 기피 업종 위주로 문을 여는 게 바람직하다. 3D(Dirty, Difficult, Dangerous) 업종이나 상대적으로 임금이 낮은 산업에만 문을 열어도 한국으로 오려는 저개발국 인력이 많다. 농업, 어업, 임업, 광업이 대표적이다. 허용 여부로 한때 논란이 됐던 호텔, 콘도 같은 분야는 한국어 구사 역량이 중요한 요건인 만큼 한국 청년층을 위해 취업 비자 발급을 제한하는 게 옳다. 외국인을 받아들이더라도 청년 취업난 추이를 봐가며 단계적·신축적으로 허용해나가야 한다.

【 반대 】
외국인 없이 가동 어려운 산업 현장 많아
부족 인력 즉각 보충해 '메기 효과' 노려야

국내 고용 시장의 구인-구직 미스매치는 해묵은 과제다. 3D 산업의 저임금은 낮은 생산성이라는 구조적 요인 탓이다. 그래서 많은 산업이 중국, 베트남 등지로 넘어갔다. 과거 우리가 조선 같은 산업을 일본 등지로부터 넘겨받은 것과 같다. 외국인 근로자들이 들어온 지 오래된 농업만 해도 높은 임금을 줄 만큼 생산성이 높지 않은 것이 근본 문제다. 청년 구직자와 실업자 상당수는 저임금, 육체적 고충, 위험한 작업 환경 같은 요인 때문에 이런 일자리를 기피한다. 그런 일을 강요할 수도 없다.

국내 근로(희망)자들이 기피하는 산업을 퇴출할 수도 없는 것이 현실이다. 농업과 어업이 그렇다. 경제가 어렵다고 하지만 고도화되고, 그러면서 기대 임금이 높아지고 기피 산업은 급격히 늘어난다. 선진국에서는 일반적 현상이다.

산업 분야를 가릴 것 없이 필요한 곳에 외국인 근로자를 최대한 받아들여야 한다. 구인난 때문에 기업이 문을 닫을 수도 없고, 조선 같은 전통 산업을 중국에 넘겨줄 수도 없다. 외국인 근로자들이 국내 일자리를 잠식하는 것처럼 보이지만 일손 부족 때문에 산업 자체를 저개발국으로 넘겨주는 것보다는 훨씬 이득이다.

근로 의지가 확실한 성실하고 유능한 저개발국 출신 인력은 국내에서 '메기 효과'를 낼 것이다. 지방 건설 현장의 근로자는 이미 절반이 외국인이다. "이삿짐 업계는 몽골인, 농어촌은 베트남인, 경공업은 태국인, 조선소는 우즈베키스탄인이 없으면 안 돌아간다"는 말이 나온 지 오래다.

외국인 근로자를 억지로 막으면 불법체류자만 양산할 수 있다. 외국인 근로자를 막아 일자리를 지키는 것은 축소 경제다. 우수한 근로자를 얼마나 들어오게 할 것이냐가 관건인 만큼 이 고민을 더 해야 한다. 그러자면 동남·서남아시아에 편중된 인력 수입국을 다변화하는 것이 중요하다. 한국 산업 현장은 외국인 근로자 없이는 정상적으로 가동이 안 되는 수준에 이르렀다.

【 생각하기 】
불법 체류자 줄이고 공존 모색해야
최저임금 차등도 필요

우리가 문호를 개방한다고 우수한 외국 근로자가 미국이나 일본 대신 한국을 선택한다는 보장도 없다. 외국인 근로자와 상생이 시급하다.

정부는 비전문 취업 비자(E-9) 발급을 2021년 5.2만 명, 2022년 6.9만 명, 2023년 12만 명, 2024년 16.5만 명으로 늘려가고 있다. 한때 '음식점은 허용, 호텔과 콘도는 금지'로 방침을 정했다가 업계의 반발로 숙박업에도 허용하기로 번복하기도 했다.

이제는 외국인 근로자 없이 우리 경제의 '아랫부분'이 돌아가지 않는 만큼 '상생·공존 로드맵'을 만들어야 한다. 불법 체류자를 줄이고 합법적 한국에 정착하고 나아가 한국 국민으로 수용하는 방안을 고민해야 한다. 외국인 근로자를 잘 활용하면 사우디아

라비아 등과의 협력처럼 대외 관계에도 도움이 된다. 중소기업이 요구하는 외국인 근로자에 대한 차등 임금도 최저임금 차별화 등으로 풀어나갈 필요가 있다. 외국인 근로자 수용은 좋은 저출산 대책이기도 하다.

4부

어떻게 하면 성장과 복지의 조화를 이룰까?

—

성장과 복지

**THE POWER OF LOGIC
THE QUALITY OF KNOWLEDGE**

남아도는 초·중등 교육교부금, 대학 지원에 써도 될까?

2022년 7월, 정부가 말도 많고 탈도 많은 지방교육재정교부금(교육교부금)을 대학에도 배분해주겠다고 나섰다. 교육교부금은 초·중·고 교육을 담당하는 각 지방교육청 예산으로 중앙정부가 보내주는 것이다. 법에 따르면, 내국세의 20.79퍼센트를 기계적으로 교육청에 배정하도록 돼 있다. 문제는 학생들이 해마다 크게 줄어드는 와중에 교육교부금은 절대 규모가 오히려 급증하고 있다는 것이다. 이런 상황에서 정부가 세율 조정으로 과도한 교부금을 바로잡는 게 아니라, 여유분 자금을 대학에 주겠다고 해서 논란이 됐다. 재정난을 겪는 대학에도 지원할 필요가 있다는 주장과 부실 대학의 퇴출을 가로막으며 교육 개혁을 방해할 뿐이라는 주장이 맞섰다. 학령인구 감소로 남는 초·중등 교육교부금의 대학 배분은 타당한가.

【 찬성 】

대학도 교육기관, 심각한 위기에 처해 있어
남는 예산 고등교육엔 못 쓸 이유 없어

오늘날 대한민국 대학의 현실은 매우 어렵다. 10년 이상 정부 간섭에 의해 등록금이 사실상 동결되면서 재정난이 심각하다. 실험과 실습 기자재 등은 고등교육기관의 것이라고 하기 힘들 정도로 낡았고 성능도 떨어진다. 외부의 명사 초청 강연은 물론 시간 강사조차 충분히 확보하기 어려울 정도다. 이 모든 게 일차적으로 재정난에서 비롯되고 있다. 역대 정부 모두 인기 영합 정책의 하나로 등록금을 동결하다 보니 돈이 모자라고, 돈이 없으니 고등교육의 질이 떨어지는 악순환이 심각해졌다. 이제 정부가 나서서 이 문제를 풀어야 한다.

교육교부금은 말 그대로 교육 진흥을 위해 쓰이기 위한 돈이다. 초·중·고교생이나 대학생이나 모두 대한민국 학생이다. 모두 납세자인 국민의 자녀다. 그렇다면 학생 수가 줄면서 남아도는 초·중·고교용 예산을 대학으로 돌려 적극 활용하는 것이 뭐가 문제인가. 초·중·고교 쪽에는 예산이 남아돌아 흥청망청 낭비된다는 지적까지 나오는 판에 대학에는 쓸 수 없다는 것은 합리적이지 않다. 대학도 미래 인재 양성이라는 차원에서는 초·중등 교육보다 중요성이 조금도 못하지 않다. 교육 행정의 칸막이를 완전히 철폐해야 하듯이 재원 배분에서도 기계적인 구별을 없애는 것이 4차 산업 혁명 시대의 미래 준비에도 부응한다.

초·중·고교와 대학 간 재정 격차를 해소하는 차원을 넘어 하나의 특별회계로 단일 지원해야 한다. 그래야 고등교육기관으로 대학이 살아나면서 한국 교육의 경쟁력도 살릴 수 있다. 국회에도 법안이 나와 있는 만큼 당연히 그런 방향으로 가야 한다. 대학 재정 지원에 일선 시·도 교육감들이 반대하는 것은 밥그릇 지키기와 다를 바 없다. 일종의 기득권 고수다. 남아도는 81조 원 가운데 3조 2,000억 원만 떼어주겠다는 것은 오히려 미진하다.

【 반대 】
법으로 용도 정해둔 이유 있어
부실 대학 구조조정 기회를 정부가 막는 처사

대학이 재정적으로 어렵다는 것과 법에 초·중·고교 육성·지원용으로 정해진 교육교부금을 대학 지원 용도로도 돌리자는 것은 완전히 다른 얘기다. 특히 학생 수가 줄어드는 지방 대학의 어려움을 거론하면서 대학에 나눠주자는 것은 타당성도 없고, 법 제정 취지와도 맞지 않는다. 한마디로 원칙에 관한 문제다. 이 재원은 엄연히 국민의 기초 교육인 초·중등 교육용이다.

대학 사정이 어렵다는 것은 사실이다. 지방자치단체의 소멸 위기론이 나오는 와중에 지역의 각급 대학 형편은 더욱 어려울 것이다. 이 때문에 교육교부금을 대학 지원용으로 쓰는 순간 획일적·균등 배분 방식이 될 공산이 크다. 대학에까지 균등 배분 방식을 적용하는 건 최악의 교육 대책이 될 수 있다. 지금 필요한 것은 대학의 구조조정이다. 이미 자생력을 잃고 독립 의지까지 꺾인 지역의 부실 대학에 찔끔 떼어주는 지원금이 진정 도움이 된다고 보기도 어렵다. 심하게 말하면 스러져가는 대학에 인공호흡 장치를 달아 조금 연장시키는 꼴이 된다. 그러면 정부 스스로 외쳐온 대학 구조조정을 정부가 다시 가로막는 결과를 낳는다.

지금 시급한 것은 내국세의 20.79퍼센트를 기계적으로 전국 교육청에 배정하도록 한 지방교육재정교부금법을 고치는 일이다. 학령인구 감소에 맞춰 교부세율을 낮추고, 이 재원을 좀 더 생산적인 곳에 투자해야 한다. 예를 들어 소멸 위기에 처한 지역의 지방자치단체에 직접 지원을 확대하는 게 낫다. 교육교부금이 남아돌아 문제가 됐지만, 정부의 가용 재원은 갈수록 부족해지는 상황이다. 정부가 괜히 법에도 없는 일에 나서 초·중등 교육계와 대학 간 싸움을 붙이는 꼴이 됐다. 대학을 향해 불필요한 '희망 고문'을 더 해선 안 된다. 교육 개혁 과제 안에는 '대학의 자생력 확보', '부실 대학과 재단에 퇴로 열어주기'도 포함된다. 이런 데에 정부가 적극 나서야 한다.

학생 수 줄어도 느는 교부금 자체가 문제
교부세율 낮추는 게 원칙에 부합

중앙정부가 보내는 교육교부금을 초·중등 교육용이라고 법에 담은 데는 이유가 있다. 고등교육기관으로서의 대학과 차원이 다르다고 본 것이다. 대학의 재정난도 그것대로 심각한 문제이기는 하다. 하지만 나라 살림, 국가 운영에는 원칙이 분명해야 한다. 각지방의 중소 부실대학에 도움을 주자는 차원이라면 더욱 문제가 있다. 대학 구조조정이라는 보다 큰 과제를 정부 스스로 방해하는 꼴이 되기 때문이다.

우선순위로 본다면 교육부는 대학 구조 개혁의 방법론과 로드맵부터 제시해야 한다. 물론 다수 교육감이 연대해 오로지 초·중등의 교육청에서만 써야 한다고 주장하는 것도 국민 눈에는 공감하기 어려운 기득권 매달리기로 비칠 수 있다. 정부 가용 재원이 갈수록 줄어드는 판이어서 교육교부금이 무작정 늘어나지 않도록 교부세율을 낮추자는 주장이 이래저래 상식적이고 합리적이다.

급증하는 1인 가구에 세제·복지 지원을 강화해야 할까?

2022년 말, 통계청이 의미 있는 자료 한 건을 발표했다. '2022년 통계로 보는 1인 가구'에 따르면 전체 가구의 33.4퍼센트, 세 집 중 한 곳이 나홀로 산다. 도시 지역을 중심으로 북유럽처럼 선진화된 나라일수록 1인 가구가 급증하는 것이 현대 사회의 특성이다. 결국 한국에서도 1인 가구가 717만에 달해 사상 처음으로 700만을 넘어섰다. 1인 가구는 29세 이하와 70세 이상에서 많았다. 비혼·만혼과 사별·이혼이 적지 않다는 얘기다. 1인 가구의 3분의 2인 68퍼센트가 연소득 3,000만 원 이하라는 사실도 주목할 만하다. 이 때문에 1인 가구에 대한 정부 지원을 강화해야 한다는 주장이 나온다. 반면 스스로 선택한 1인 가구에 대한 세제·복지 등의 지원은 사회와 경제 활력을 저해하고, 비생산적 복지 비용만 키운다는 반론도 만만찮다. 1인 가구에 대한 지원 강화론은 타당한가.

현대 사회의 응답, 사회적 약자 다수
복지 차원에서 지원 확대해야

1인 가구가 급증하는 원인과 배경부터 살펴볼 필요가 있다. 성인 남녀 중 홀로 사는 독립 가구가 많아진 게 큰 원인인데, 결혼을 안 하는 게 아니라 못 하고 있다. 29세 이하가 전 연령대 가운데 가장 많아 19.8퍼센트에 달한다. 부부로 살다가 사별 등으로 홀로 된 경우가 많은 70대 이상(18.1퍼센트)보다 많다. 30대(17.1퍼센트)보다 20대가 많다는 것은 결혼을 못 하는 젊은 층이 많다는 의미다. 주된 이유는 경제 문제다. 나홀로 가구의 42퍼센트가 월세로 산다는 통계와 맥이 닿는다. 실제로 경제적 문제로 결혼을 안 하고 1인 가구가 됐다는 경우가 30.8퍼센트에 달한다.

2년 새 100만 명 늘어난 1인 가구는 사회적 폭탄이 될 수 있다. 그러니 1인 가구에 대한 국가 차원의 지원 확대를 본격적으로 공론화하고 확대해나가야 한다. 소득 수준(2021년 기준)을 보면 1억 원 이상인 경우가 전체 가구로는 18퍼센트인 데 비해 1인 가구는 1.7퍼센트에 그친다. 반면 1,000만 원 미만과 1,000만~3,000만 원 사이 비중은 전체 가구가 각각 6퍼센트, 23퍼센트인 데 비해 1인 가구는 21퍼센트, 47퍼센트에 달한다. 고시원 거주자가 11퍼센트, 월세 생활자가 42퍼센트에 달한다는 것도 1인 가구의 자산 수준과 경제적 형편을 보여준다. 1인 가구는 2019년 30.2퍼센트에서 2021년 33.4퍼센트로 늘었다. 앞으로 얼마나 늘어날지 충분히 짐작된다. 소득이나 주거 등 경제 여건만이 아니라 심리·정서적으로도 열악하고 불만족스러움이 확인됐다. 1인 가구의 58퍼센트만 가족 관계에 만족한다는 응답이어서 전체 평균치 65퍼센트보다 훨씬 낮다. 1인 가구의 절반 이상(50.3퍼센트)이 애초 결혼을 안 했거나 못 했다.

1인 가구의 자립을 돕기 위해 정책 프레임을 다시 짤 필요가 있다. 1인 가구가 독립을 못한 채 고령자가 되면서 정부의 복지망에만 기대는 상황이 오면 사회는 상당히 각박해질 것이다. 복지 비용 증가 이상의 문제가 파생된다. 사회적 약자 그룹으로 전제하며 지원을 늘려야 한다.

【 반대 】

재정 여유 있다면 신혼부부에 지원해야
성인의 자유에는 책임 따르는 법

1인 가구의 성격 파악과 분류가 먼저다. 경제적·신체적 이유, 사별 등으로 불가피한 나홀로 가구는 적극 도와줄 필요가 있다. 하지만 도피형·책임기피형·나태형 1인 가구를 정부가 무리하게 지원해주고 국가·사회가 보살펴야 할 이유는 없다. 국가적 재앙이라는 초저출산과 그로 인한 '인구 절벽' 해소에 하등 도움도 안 된다. 정부 지원은 자립과 자활 의지가 있는 대상에 집중돼야 한다. 그렇게 독립적인 시민을 키워내고 양성하는 게 발전하는 사회다.

경제적 어려움을 이유로 결혼을 기피한다지만, 그런 어려움에도 결혼한 가구가 적지 않다. 지원하려면 이런 젊은 가정에 집중해야 한다. 동시에 나온 통계청 자료를 보면 신혼부부 가운데 주택 소유자는 42퍼센트(2021년 기준)에 불과하다. 전년보다 0.1퍼센트 줄었다. 대출이 있는 신혼부부는 89퍼센트로 전년보다 1.6퍼센트 증가했다. 어디를 지원해야 출산율을 높이고 인구 감소를 막는 데 도움이 되겠나. 신혼부부에 지원을 몰아주면 자녀 출산에 적극 나설 것이다. 1자녀 때 지원을 시작해 2자녀로 가면 몇 배로 지원하고, 3자녀를 두면 그보다 몇 곱절 더 지원하는 식으로 가야 한다. 정부도 돈은 없고, 쓸 곳은 늘어난다. 선택과 집중을 해야 하는 상황인 만큼 1인 가구보다는 신혼부부 쪽에 지원을 늘리는 게 현실적 선택이다.

근본적으로 각자의 삶과 생활은 스스로 책임지게 하는 게 건전한 사회다. 가정에 대한 책임과 의무에서 탈피하고 홀로 살며 부담이 적은 삶을 선택한 1인 가구라면 그 방식은 존중하되 그런 생활에 대한 자기 책임을 분명히 지우는 게 맞다. 나홀로 부담을 적게 지고 가겠다는 성인에게, 전통적 가정을 형성하며 힘겹게 홀로 서려는 신혼부부가 낸 세금으로 지원해주는 것은 온당치 않다. 인센티브와 페널티 부과는 사회 유지의 기본 원리다. 그래야 지속 가능한 국가·사회가 된다.

【 생각하기 】
주택, 연금, 보험, 의료 등 광범위한 정책 과제
사회적 공론화 절실

현대 국가, 합리적 정부가 고민해야 할 문제는 사실 이런 것이다. 포퓰리즘 경쟁이나 터무니없는 규제 만들기보다 훨씬 현실적이고 구체적인 담론이다. 쉽지는 않다. 어떤 과정과 배경에서 탄생한 1인 가구냐에 따라 지원 여부의 판단 기준이 크게 달라진다. 그런 데까지 정책 자료를 쌓아가면서 사회적 공론화를 주도하는 게 미래 준비를 제대로 하는 정부다. 그 바탕에서 주된 지원 대상을 찾고 지원 폭도 합리적으로 모색할 필요가 있다. 그래야 결혼 유도, 출산 유도도 가능한 해법이 나온다. 복잡다단한 현대 사회의 이슈는 모두 연결돼 있다. 강제나 강압적 정책보다는 인센티브를 제공해 합리적 방향으로 움직이게 하는 것도 중요하다. 그래야 1인 가구 증가 억제에 효과가 있을 것이다. '독립적 자유·자율 시민' 양성으로 정책의 묘를 살려나갈 필요가 있다.

보급량 늘어난 전기차,
정부 보조금 줄여도 될까?

전기자동차의 판매량을 좌우하는 큰 요인은 정부 보조금이다. 보조금을 동원한 전기차 확대 전략은 주요 선진국에서 보편적이다. 한국에서도 중앙정부와 지방자치단체(시·도)의 보조금이 만만찮다. 테슬라의 약진에도 보조금은 작지 않은 변수였다. 2018년 1,493대였던 현대자동차그룹의 미국 시장 전기차 판매량이 2022년 5만 8,028대로 급증한 것 역시 현지 보조금에 힘입은 바 크다. 하지만 미국 인플레이션 감축법의 엄격한 배터리 원산지 규정에 따라 이 보조금이 끊길 사정이 되면서 현대차에 비상이 걸리기도 했다. 한국에서도 전기차에 대한 보조금과 각종 지원 혜택이 적지 않다. 그에 따른 질시와 불만도 있다. 생산·공급이 초기 단계를 지난 만큼 이를 줄여야 한다는 주장이 나온다. 전기차의 보조금과 혜택을 적극 줄일 상황이 된 건가.

【 찬성 】

세금·주차·통행료 등 혜택 과도
'보급 확대' 정책 목표에도 접근 중

전기자동차에 대한 보조금과 지원 혜택이 너무 많다. 가뜩이나 어려운 재정에서 혈세가 나가는 것이다. 법에 정해진 친환경차량 기준에 적합한 자동차는 환경부와 환경공단의 국비 보조금과 각시·도의 별도 보조금을 받는다. 지자체 보조금은 적게는 200만 원(2022년 서울시의 경우)에서 600만~1,100만 원(경상북도의 경우)까지 다양하다. 전기차가 등장했을 때 전기차를 둘러싼 불안감을 해소하고 대기 개선 등의 효과를 유인하기 위해 마련한 조치였지만, 이제 전기차를 특별한 자동차로 보기 어렵다.

세금 면제도 적지 않다. 2020년 7월 이후 출고 차량에 대해 개별소비세와 취득세를 각각 300만 원, 140만 원 깎아준다. 전기차의 환경친화적 특성 때문이라면 왜 신차만 깎아주고 중고차엔 이 혜택을 주지 않나. 중고 전기차는 친환경 요인이 없나. 자동차세는 전통적인 내연기관차의 경우 지방교육세까지 추가돼 적지 않은 금액이 부과되지만 전기차에는 훨씬 적게 부과된다. 내연기관차가 40만 원 안팎의 자동차세를 내는 반면 비영업용 개인 승용 전기차는 10만 원의 자동차세에 지방교육세 30퍼센트를 추가해도 13만 원에 그친다. 고속도로 통행료 50퍼센트 할인에 공용주차장 이용요금도 50퍼센트 깎아준다. 공공에서 이렇게 적극적 우대 정책을 펴니 쇼핑시설 등 민간 부분에서도 따라가며 주차 요금을 할인해준다. 서울의 남산터널과 부산의 광안대교 같은 특급 요지의 교통시설에서는 통행료를 아예 면제하고 있다. 지하철 환승주차장 3시간 면제 및 80퍼센트 할인, 공공기관 청사 주차장 전용 주차면 이용 같은 혜택도 있다.

전기차 보급 확대를 유도하려는 정책 목표·취지는 좋다. 하지만 이제 전기차 보급이 시장 원리에 따라 탄력을 받고 있다. 또 상대적으로 연료비도 싸고 정비 비용도 적어 정책적 혜택이 없어도 소비자들이 스스로 선택하는 단계에 이른 상태다.

【 반대 】

대기·환경 개선 노력 더 필요
'신기술 국제 경쟁' 경제·산업 측면 중요

전기차 보급이 늘어난 것은 사실이지만 아직은 갈 길이 멀다. 전기차 보급을 늘리려는 이유부터 다시 돌아볼 필요가 있다. 첫째, 환경 개선이다. 갈수록 대기의 질이 떨어지고 있다. 대도시에선 더 심하다. 대기 오염의 큰 요인이 폭증하는 자동차다. 아무리 자동차 기술이 발달해도 내연기관은 대기 오염을 가중시킬 수밖에 없다. 디젤형 경유차는 더 심하고, 중고차가 될수록 배기가스 질은 나빠진다. 전기차에 대한 감세, 보조금 지급, 주차·통행료 할인에 드는 비용보다 급증하는 호흡기 질환자 및 암 발병자에 대한 국가·사회의 전체 치료비가 훨씬 더 든다. 보조금 지급이 불필요한 비용을 확 줄이는 것이다.

경제·산업적 요인도 무시할 수 없다. 전기차는 단순히 석유라는 화석연료를 직접 쓰지 않는 차원을 넘어 자율주행차와 함께 발전하고 있다. 기존의 자동차와는 차원이 다른 문명의 이기다. 자율주행 수준에 따라 한 대의 자동차에 반도체 칩이 수백 개, 수천 개씩 들어간다. 자율주행 프로그램은 AI 기술과 첨단 카메라 및 정보처리 기술이 필요한 첨단 산업이다. 세계가 '모빌리티 혁명'에 나서면서 국가적으로 경쟁하고 있다. 전기차·자율차를 내세운 미래 기술 경쟁에서 뒤떨어지면 한국의 미래는 없다. 수출과 일자리 창출 측면을 고려할 때 한국 산업에서 자동차 비중이 얼마나 큰가. 미국·유럽연합 등이 모두 전기차 시대로 빠르게 이행하고 있는 판에 한국만 내연기관차에 매달리고 있으면 결과가 어떻게 될지 생각해야 한다.

산업 생태계가 새로 짜이는 자율주행 시대, 친환경 시대에 살아남아야 한다. 한국 정부는 2025년까지 전기차 보급 목표를 283만 대로 잡고 있다. 오히려 보조금을 늘려 이보다 보급이 더 늘어나도록 해야 한다. 전기차 보급을 확 늘리고 세계 시장을 선도하면 자동차 수출 증대 이상으로 기술 선점과 새로운 자동차 생태계 구축 주도 효과까지 기대할 수 있다.

'보조금 함수' 전기차 판매, 누적 보급 1퍼센트대
WTO 보조금 규정 살펴야

2021년 서울시 보조금 정책과 관련해 흥미로운 일이 있었다. 전기차 보조금을 차등화하면서 차 가격 6,000만 원을 기준으로 삼았더니 테슬라가 특정 모델 가격을 5,990만 원으로 책정하고 나섰다. 국산차와 수입차에 대한 의도적 차별을 금지하는 WTO의 보조금 규정을 피해가며 국산 우대로 갔는데, 미국산 테슬라가 그에 맞춰 가격을 재조정한 것이다. 자동차 판매량에서 보조금은 그만큼 큰 영향을 미친다. 가히 보조금과의 싸움이다. 전기차 보급이 가파르게 늘었지만, 아직은 1퍼센트대에 그친다. 2022년 말 기준 전국에 등록된 내연기관차(휘발유·경유·LPG)는 2,373만 2,076대, 전기차는 38만 9,855대. 불황기라는 점을 감안하면 정부의 목표 달성이 쉽지 않아 보인다. 전기차가 친환경이라고 하지만 전기 자체를 어떻게 생산하느냐에 따라 친환경일 수도 있고 그렇지 않을 수도 있다는 점은 지적해둘 만하다.

대학생을 위한 '천 원의 아침밥' 사업, 정부 자금을 계속 지원해야 하나?

2023년, 대학생들을 위한 '천 원의 아침밥' 사업과 관련하여 여의도까지 시끌벅적했다. 여야 정치권은 서로 먼저 제안했다며 원조 논쟁을 벌이기도 했다. 3,000~5,000원인 대학 내 아침 식사값을 학생은 1,000원만 내고, 정부 지원 1,000원에 나머지 비용은 대학이 부담한다는 게 '천 원의 아침밥' 사업이다. 고물가가 지속되는 와중에 '애그플레이션(agriculture+inflation)'이라는 말이 나올 정도로 농산물 가격이 급등했다. 식당 음식값도 따라서 올랐다. 1,000원 밥값은 대학생 주머니 사정을 덜어줄 정도가 됐고, 사회적 관심사로 떠올랐다. 반면 '정부 예산까지 투입해 1,000원에 아침 식사를 제공하면 점심과 저녁은 어쩌나? 그런 지원도 못하는 대학은 어쩌나? 대학생이 아닌 청년은 어쩌나?' 하는 문제 제기가 이어졌다. '작은 선의'가 정치권 개입으로 포퓰리즘 경쟁으로 비화했다. 대학가의 1,000원 아침값 확산, 마냥 좋은 일인가.

【 찬성 】

소득 3만 불 OECD 회원국에서 50퍼센트 결식
수십억 원으로 가성비 좋은 정책

아침 식사는 모든 이의 건강에 중요하다. 공부하는 학생은 특히 식사를 거르면 사고력과 집중력이 떨어지고 인지 능력도 저하된다. 아침부터 건너뛰어 공복 사태가 길어지면 간식을 먹게 되거나 점심 식사 때 과식할 가능성도 커진다. 총체적으로 건강에 좋지 않다. 한창 공부하고 활동량도 많은 대학생이 주머니 사정 때문에 아침 식사를 못 하면 이는 국민 건강 저하로 이어진다.

아침을 먹고 싶어도 주머니 사정이 넉넉지 않은 학생에게는 3,000~5,000원도 부담이다. 지방에서 서울로 또는 서울에서 타지로 가서 유학 중인 학생은 원룸 등 주거비도 만만찮다. 먹고 싶어도 아침 식사를 건너뛰기 십상이다. 풍요의 시대, 1인당 GDP 3만 달러를 넘은 대한민국에서 대학생에게 아침밥도 제공 못한다면 말이 되나.

더구나 한국은 190여 개 국가 중 선진국 클럽이라는 OECD 회원국이다. 원조받던 저개발국에서 벗어나 이제는 제3세계에 매년 수조 원의 공적개발원조(ODA)를 제공하는 '잘사는 나라'가 되었다. 공부를 시키더라도 청년 대학생에게 밥을 제공하며 시키자.

국내에서는 쌀도 과잉 생산되고 있다. 정부가 이런 여분의 쌀을 억지로 사들이는 판이다. 이런 여건에서 아침 결식률이 50퍼센트를 넘는 대학생에게 양질의 식사를 싼값에 제공해, 아침 식사의 습관화를 통한 건강 증진과 쌀 소비 진작을 도모하자는 취지를 살려나가야 한다.

게다가 그냥 공짜가 아니라 본인이 1,000원을 부담한다. 대학의 지원 분담이 있어 정부 부담도 크지 않다. 농림축산식품부 발표대로 연간 150만 명을 지원해도 현재 책정된 소요 예산은 15억 8,800만 원에 그친다. 모든 대학생이 학교로 가서 아침밥을 먹는 것이 아닌 만큼, 확대돼도 연간 수십억 원이면 가능하다. 정부가 연간 639조 원(2023년 기준)을 지출하는 판에 이보다 '가성비' 높은 정책이 또 있겠나.

【 반대 】

점심·저녁 식사는? 대학가 식당은?
동년배 취업 청년도 동의할까

눈앞의 현상을 넘어 본질을 보고, 파장도 감안해야 한다. 1,000원짜리 아침밥이 제공되면 바로 이어 점심과 저녁 식사도 같은 값으로 내놓으라는 요구가 빗발칠 것이다. 사정이 힘든 대학생은 여전히 그대로이기 때문이다. 휴일과 방학 때까지 싼값의 식사

제공에 대한 기대치가 높아지고, 대학이든 국가든 당연히 그렇게 제공해야 한다는 주장이 잇따를지 모른다. 안 그래도 서울시의회에서는 초·중·고교에도 아침밥 비용을 주자는 조례안이 나왔다고 한다.

이런 식이라면 밥 다음에는 필수품이 된 휴대폰 이용을 위한 개인 통신료도 내놓으라고 촉구할 것이다. 학생 등 청년에겐 밥보다 더 중요한 게 휴대폰 아닌가. '개인 통신권을 (국가가) 보장하라'는 요구가 이어지면 어떻게 대처할 것인가. 전면 공산국가로 갈 것인가.

대학생에 대한 특혜 문제도 있다. 대학에 진학하지 않은 또래 청년들과의 차별 대우라는 불균형 문제도 봐야 한다. 열악한 중소기업 사업장에서 위험에 노출된 채 초과근무를 하는 청년, 폭염과 혹한 속에서 농축산물을 키우는 10~20대, 작은 어선을 타고 사투를 벌이는 또래 어업 종사자들이 낸 세금으로 상대적으로 미래 기대 수입이 더 많은 명문대 학생에게 값싼 아침밥을 제공하는 것에 산업 현장 청년들이 동의할까. 그런 측면에서 정의로운 정책인가.

대학마다 재정난을 겪고 있어 지원 여력도 없다. 학생 식당 사정도 천차만별이어서 대학 간 또 하나의 빈익빈 부익부 현상이 나타날 것이다. 정부의 강압적 등록금 동결로 대학 여건은 악화될 대로 악화됐다. 재정 여력이 없는 대학의 수준 저하는 일일이 말하기 어려운 지경이다. 강의·실험·실습·연구 등 대학의 본질적 기능을 살려 훌륭한 산업 역군을 길러낼 궁리는 안 하고 언제까지 '밥 논쟁', '급식 타령'이나 할 건가. 대학가 식당에 미칠 영향은 또 어떤가. 대학만 바라보며 세금을 꼬박꼬박 내며 사업하는 주변 식당에 미칠 영향도 무시할 일은 아니다.

【 생각하기 】
작은 선의가 거대 포퓰리즘 경쟁이 된 꼴
'학교, 공부하러 가나, 밥 먹으러 가나'

한국 사회에서는 다양한 어젠다로 툭하면 뜨거운 논쟁이 빚어진다. 문제는 사안의 본질이나 핵심은 벗어난 채 지엽말단의 말싸움이 자주 번진다는 점이다. 1,000원 아침값도 일부 대학에서 작은 선의로 시작됐다. 하지만 여야 정치권이 관여하면서 거대한 포퓰리즘으로 변했다. 더없이 가벼운 한국 정치의 경박성을 보여주는 예다.

정책을 하나 수립하려면 전후좌우의 연관성과 파장까지 봐야 한다. 몇 년 전 서울시장이 신임 투표로 중도 사퇴한 무상급식 논쟁 때도 그랬다. 급식의 질과 부담을 놓고 소모적 논란이 오래 빚어지는 가운데, 학생이 학교에 가는 본질적 이유는 공부라는 사실이 간과됐다. 학생은 학교에 밥 먹으러 가는 게 아니다.

대학생에게 지금 가장 필요한 것은 더 많은, 더 좋은 일자리다. 대학에서도 이를 위한 제대로 된 교육이 절실하다. 그렇게 본다면 대학의 수준 높이기, 버젓한 청년 일자리 제공이 중요하다. 당장 눈앞에 보이는 지출 이상의 비용, 사회 전체의 균형이 중요하다.

전세 사기 피해 주택의 '공공매입', 실행 가능할까?

2023년 2~5월, '전세 사기'로 2030세대 세 명이 스스로 목숨을 끊는 비극이 일어났다. '인천 주택왕', '광주(광역시) 빌라왕' 같은 사기 사례가 전국 여러 곳에서 나타났다. '주택왕' 별명이 붙은 인천의 한 건설업자는 2,800여 채 주택의 전세보증금 2,700억 원을 제대로 돌려주지 못했고, 몇십 채 이상의 공동주택이 건물째 경매로 넘어갔다가 대통령 제지로 일단 중단되기도 했다. '인천 주택왕'과 '광주 빌라왕'의 경우 소개 브로커·중개사까지 결탁한 사안으로, 처음부터 사기였을 개연성이 높다. 반면 고금리에 집값 급락으로 결과적으로 사기가 돼버린 경우도 많다. 이런 '깡통전세', '역전세'까지 겹치면서 전세 시장에 대혼란이 빚어졌다. 정부가 대책 마련에 나름 열심이었지만 특단의 대책을 내놓기는 쉽지 않았다. 핵심 대책으로 야당들이 주장하는 공공매입과 우선매수권 등은 실현 가능한가.

임대차보호법 사각지대의 청년 피해자들
우선매수권 부여·저리 대출도 강구

2023년 4월, 대통령이 전세 사기 피해자 주택의 경매 일정을 중단하는 긴급조치를 국토교통부에 지시하면서 정부 대책이 본격 조명됐다. 정부가 은행 등 선순위 채권 금융회사에 일시적으로 경매 연기를 요청했고, 국회에서도 여야 모두 여러 대안을 내놓았다. 현실과 거리가 있는 대책만 내놓다가 전세보증금을 돌려받지 못한 20~30대 피해자 세 명이 스스로 목숨을 끊자 뒤늦게 긴급 대책 마련에 나선 것부터 문제다. 제대로 된 재발 방지책을 내놔야 마땅하다.

피해 청년들은 주택임대차보호법의 사각지대에 놓여 있었다. 문재인 정부 때 임차인 보호를 명분으로 '임대차 3법'을 급히 만들었지만, 지금 같은 집값 하락기에는 도움이 되지 못하고 있다.

전세금이 상대적으로 소액인 임차인은 전셋집이 경매에 넘어갔을 때 일정 금액이라도 우선해 돌려받을 수 있다. 하지만 집값 상승기에 집주인 요구로 전세금을 올려준 바람에, 전세금이 커져서 이런 변제금을 받을 수 있는 대상자조차 되지 못하는 경우가 많다. 인천 미추홀구에서만 전세 사기 피해자가 3,000가구에 달한다는 사실은 이 문제가 개인의 잘못 차원을 넘어섰다는 것을 말해준다. 이곳에서만 전세 사기 피해를 당한 아파트·빌라가 2,000가구에 육박하고, 이 가운데 경매에 넘어간 가구가 60퍼센트에 달했다. 전세금을 떼인 것도 청천벽력인데 소액의 변제금도 돌려받지 못하는 최악의 피해자를 위해 정부가 최대한 지원할 필요가 있다.

전세 사기는 기본적으로 부동산 정책 실패에서 비롯됐다. 전임 문재인 정부의 헛발질이 근본 원인이지만, 정부의 연속성 차원에서 현 정부가 풀어야 한다. 정부·지방자치단체·한국토지주택공사(LH) 등 공공에서 문제가 된 전세 주택을 더 적극적으로 계속 사들이는 게 가장 확실한 방법이다. 해당 주택을 피해자가 적당한 가격으로 구입할 수 있도록 우선매수권을 주는 특별법도 필요하다. 피해 상황에 맞춘 저리 대출 역시 강구할 만하다.

【 반대 】
'건축왕·빌라왕' 특혜 수사·처벌 먼저 해야
집값 하락기 '깡통전세' 등과 구별 필요

대규모 전세 사기극에 고귀한 생명까지 희생된 것은 안타까운 비극이다. 2022년 하반기 이후 전세 사기 방지 관련 대책이 네 차례나 나왔는데도 이 지경이니 정부가 책임감을 갖고 추가 대책을 마련해야 한다. '인천 건축왕', '광주 빌라왕' 같은 대규모 임대 사업자의 명백한 사기 행위처럼 용납 못할 범죄에 대해서는 국가 수사력을 집중해 끝까지 단죄해야 한다.

이들의 사기 행위 중에는 소개 브로커와 중개사까지 결탁한 경우도 있다. '인천 건축왕'은 야당 유력 정치인과의 결탁 의혹이 드러나 있고, 이에 따라 국토교통부 장관이 경찰에 특별수사까지 요청했다. 수년째 전세 사기극을 도모해온 이런 토호가 어떻게 부정 청탁을 했고, 강원도 등지에서 이권 특혜를 어떻게 누렸는지 규명하는 게 먼저다.

피해자 사정은 안타깝지만, 상황을 냉철하게 볼 필요가 있다. 무엇보다 명백한 사기극과 '깡통전세', '역전세'를 구별해서 보는 게 중요하다. '깡통전세'는 집값이 전세금보다 싸지는 바람에 임대인(집주인)이 만기 때 보증금을 돌려주지 못하는 경우로 집값 하락기에 흔히 나타난다. '역전세'는 전셋값이 입주 때보다 뚝 떨어져 보증금을 돌려주지 못하는 상황을 말한다. 이 역시 금리가 오르고 그에 따라 집값이 하락할 때 나타나는 전세의 부작용이다.

지금 주택 임대 시장에는 이런 것까지 겹쳐 혼란이 가중된다. 전세 사기극도 처음부터 고의로 그런 것인지, 고금리에 집값이 급락하면서 결과적으로 사기가 돼버린 것인지 나눠서 봐야 한다. 모든 전세금 반환 갈등을 정부가 다 해결해줄 수는 없다.

공공매입은 '어떤 기관이, 무슨 돈으로 시행할 것인가'에 대한 사회적 합의 없이는 불가능하다. 비싸게 사면 납세자가 동의하지 않을 것이고, 싸게 사면 임대인·임차인이 동의하지 않을 것이다. 세입자 보증금 우선 반환도 채권 행사 관련 현행 법령을 확 고치지 않고는 어렵다. 은행의 손실 분담도 정부가 강요해선 안 된다. 당장의 구제 지원과 재발 방지을 위한 제도 개선을 나눠서 봐야 한다.

【 생각하기 】
사기 유형·피해 양상 다양… 혼돈 속 전세의 퇴장 흐름
날림·과잉 대책, 다 부작용 있었음을 인정해야

단기적으로 전세 피해자나 역전세 상황의 집주인에게 대출 규제(LTV·DSR)를 풀어주는 정도는 쉬운 방법이다. 저리 대출도 은행의 자발적 참여로 모색할 만하다. 경매 절차의 기준 재정리, 임대사업자 담보대출 보완(제한), 공인중개사 책임 강화도 필요한 제도 개선이다. 전세 긴 주택의 대출, 임대주택의 쉬운 매매·명의 이전 등을 통한 '갭(전세) 투기'는 제도 보완으로 사각지대를 없애 나가는 게 시급하다.

궁극적으로는 사실상 한국에만 있는 전세 제도가 수명을 다해 퇴출되고 있다는 점을 인정하면서 자연스럽게 '퇴진 출구'를 마련해나가는 것도 중요하다. 전국의 전세 분규·전세 문제점을 정부가 다 해결할 능력도, 수단도 없다는 점을 인정해야 한다. 그런데도 그간 여야 국회는 물론 정부 등 모두가 외쳐온 '취약층 주거 안정'이 집값 하락기에 또 한 번 적나라한 민낯을 드러낸 것에 모두 자성할 수밖에 없다.

구도심 변신 막는 '문화재 고도 제한', 유지해야 할까?

서울 강북 구도심 주요 문화재 주변의 개발 규제는 연원이 오래됐다. 대표적인 게 고도 제한이다. 경복궁, 창덕궁을 비롯한 고궁과 종묘, 남대문, 동대문 등에 포괄적으로 적용된다. 서울 종로와 청계천에 걸쳐 있는 '세운지구' 등이 다채로운 건물, 멋진 스카이라인을 가진 현대 도시로 변모하지 못하는 큰 이유다. 이러한 가운데 2023년 6월 말, 서울시가 문화재 주변에 획일적으로 엄격하게 적용되는 고도 제한 완화에 나섰다. 열쇠는 문화재청이 쥐고 있었다. 주요 문화재가 지닌 역사성과 권위, 문화재 안에서의 조망과 경관, 문화재 방문객이 느낄 정서적 요소를 지키고 보호하는 게 고도 제한을 법제화한 주된 이유였다. 반면 서울시가 조례를 개정해 고도 규제를 완화하려는 것은 낙후된 구도심 개발과 균형 발전의 필요성 때문이다. 문화재 주변에 대한 일괄 고도 제한은 계속해서 엄격하게 유지돼야 하나.

빌딩에 포위된 사적, 보호와 거리 멀어
높이 제한은 선진국에도 흔한 규제

문화재 주변에 대한 규제는 한국에만 있는 게 아니다. 주변 건물의 높이 제한은 유럽 선진국에도 흔하다. 대표적으로 프랑스 파리와 영국 런던만 가도 바로 느낄 수 있다.

고도 제한 이유는 명확하다. 무엇보다 역사·문화 경관을 보호하자는 취지다. 역사적 상징물인 국가 지정 사적과 문화재를 지키려는 것이다. 고궁이나 서울의 성문 같은 문화재는 그 자체로 보존하고 역사적 권위를 인정해줄 필요가 있다. 경복궁, 경희궁, 창덕궁이 초고층 건물로 에워싸이면 어떻게 되겠나. 기업 등의 사무실이 빼곡히 들어선, 도심의 작은 섬 같은 공간에서 문화재가 문화재로 계속 살아남을까.

단순히 정서적인 문제만이 아니다. 햇볕도 바람도 충분히 들지 않는다면 문화재가 손상될 가능성은 없을까. 높은 건물에 갇힌 덕수궁에서 바깥을 내다본다고 가정하면 답이 나온다.

고도 제한이 문화재 주변에만 있는 것도 아니다. 서울을 예로 들면 남산 주변이나 한강변에도 있다. 아름다운 경관, 탁 트이고 멋있는 조망을 최대 다수가 두루 누리게 하려는 규정이다. 소수만 특혜처럼 누리는 경관이 아니라, 보편적으로 개방되는 조망권 개

넘으로 가자는 것이다. 그래서 남산 중턱의 외국인 전용 아파트를 비싼 비용을 들여 철거했고, 한강변 아파트 건설에 대해서는 높이를 제한해왔다. 문화재가 주로 구도심에 있다 보니 도심 공동화를 초래하는 인위적 장벽처럼 비치지만, 구도심 재개발을 일부러 막는다고 봐서는 안 된다.

도시에서 건물 높이 규제는 쾌적한 공간 확보를 위한 기본 장치다. 일조권 확보, 대기 이동 장애물 제거, 단독주택 등 낮은 지역 생활자 프라이버시 보호를 위해 필요하다. 또한 밀집된 도시에서 쾌적한 환경을 유지하기 위해 필요하다. 그런 원리가 문화재주변에선 좀 더 엄격하게 적용될 뿐이다. 말로만 외치는 문화재 보호가 아니라 이런 규제가 있어야 적극적인 보호가 가능해진다.

【 반대 】

보호 필요하지만 과도한 게 문제
도심 낙후, 강남북 격차 무엇 때문인가

고도 제한 자체가 불필요하다는 게 아니라 너무 과도하다는 게 문제다. 일본 도쿄의 왕궁 앞에는 높이 200미터의 건물도 들어선다. 반면 서울 종묘 인근 세운2구역에선 건물의 높이가 55미터, 세운4구역에선 71.9미터로 제한된다. 너무 엄격한 것이 문제다.

서울시의 현행 건축 조례를 보면 국가지정문화재 주변 100미터 이내에서 개발할 때 문화재 자체의 높이와 앙각(仰角, 올려볼 때의 각도) 규정이 획일적이다. 남대문 옆 대한상공회의소 건물이 앞쪽은 낮고 뒤쪽은 높은, 기형적인 모습으로 들어선 것도 고도 규제 때문이다. 비용은 비용대로 더 들이면서 도심의 멋까지 망치는 요인이다.

고도 규제로 인한 결과를 보면 왜 개선책이 필요한지 답이 나온다. 고도 규제는 무엇보다 낙후된 구도심의 발전을 가로막는 주된 걸림돌이다. 서울의 원도심인 종로 청계천 주변이 수십 년 전이나 지금이나 그대로인 것도 규제가 재개발을 막기 때문이다. 새롭고 멋진 건물을 지을 기회를 가로막으면서 개인 재산권을 침해하고, 도심의 경쟁력을 떨어뜨린다.

구도심에는 수백 년째 사람이 계속 살아왔기 때문에, 땅을 파면 어디에서든 질그릇 조각이라도 나올 수 있다. 엄격한 문화재 관리 법규에 따라 이에 대한 규제를 받는 터에 건물 층수 제한까지 겹치니 누가 자본을 투입해 재개발에 나서겠나. 이대로 가면 국가 1번지 격인 광화문 일대도 만년 그대로일 수밖에 없다. 조선 시대부터 번화가인 종로도 퇴락 일변도에서 벗어날 수 없다. 과도한 고도 규제가 계속 이어지면 가뜩이나 번쩍번쩍한 강남만 끝없이 발전할 것이다.

고도 제한 규제를 완화해 구도심 퇴락을 막고 개발 이익을 적절하게 환수해 그 비용을 문화재 보호에 제대로 쓰는 게 이성적·합리적이다. 재개발부담금으로 문화재 지역에 CCTV라도 설치해 '남대문 방화 사건' 같은 어이없는 인재를 막는 게 훨씬 현실적인 문화재 보호책이다. 이상적·교조적 유적 보호에 따른 결과를 봐야 한다.

【 생각하기 】

도시는 문화·문명·기술의 총체적 표상
'역사'와 '미래·첨단'의 균형과 공존 모색해야

도시는 밤낮 없이 진화한다. 대도시는 한 사회의 문화와 문명, 기술의 총체적 표상이다. 도시의 발전 원리에 주목해야 국가 간 무한 경쟁에서 이긴다.

도시의 성장은 경제 발전에도 필수다. 도시에서는 전문화, 분업화, 집적화, 산업화가 이뤄진다. 동시에 이런 기류는 도시의 거대화와 발전을 촉진한다. 도시의 발전을 가로막는 인위적 장벽이 있다면 가급적 제거해야 한다. 이런 제한이 거의 없는 서울 강남 3구는 날로 발전한다. 123층 초고층 타워를 봐도 그렇고 초거대 지하도시가 건설되는 대로를 봐도 그렇다.

유적 보호가 미래도시 건설과 조화를 못 이룰 이유는 없다. 도시의 진화와 서울의 경쟁력 제고라는 측면에서 볼 필요가 있다. 구도심 공동화 막기와 강남북의 균형 발전도 필요하다. 문화재라는 과거와 역사도 중요하지만, 첨단도시라는 미래와 문명도 중요하다. 문화재 고도 제한 규제가 완고할수록 신도시로 뻗는 강남쪽만 발전하게 된다.

결혼·출산 증여재산 공제,
어떻게 봐야 할까?

2023년 7월, 정부는 '결혼 자금'에 대해 증여세 공제(비과세) 확대를 검토했다. 정부가 이런 정책을 마련한 이유는 심각하게 악화된 저출산 문제의 대응책이 될 수 있고 소비 진작 효과도 있을 것으로 봤기 때문이다. 자녀에게 세금 없이 줄 수 있는 자금은 10년에 걸쳐 1인당 5,000만 원이다. 2014년에 정해진 기준인데 10년째 그대로다. 그간 경제 규모가 커졌고, 물가도 많이 올랐다. 주택 마련까지 감안하면 결혼 비용은 전국 평균 3억 원을 웃돈다. 하지만 부(富)의 대물림이라는 비판 여론이 부담이었다. 증여나 상속 재산이 없는 청년들의 상대적 박탈감도 문제다. 결국 이 정책은 통과되어 2024년부터 시행된다. 결혼이나 출산 전후 2년간 5,000만 원을 넘는 추가 증여재산에 대해 최대 1억 원까지 비과세한다. 결혼·출산 증여재산 공제를 둘러싼 논란, 어떻게 봐야 할까?

【 찬성 】

재정 동원 결혼 장려 한계, 세대 간 부의 이전 필요
커진 경제 규모 고려, 소비 진작 효과도 기대

한국의 저출산은 세계 최악의 수준으로 악화됐다. 국가소멸론까지 나올 지경이다. 지난 16년간 저출산 타개 예산으로 나랏돈 280조 원을 썼으나 합계출산율(여성 한 명이 가임 기간 동안 낳을 것으로 기대되는 기대되는 출생아 수)이 0.78명(2022년 기준)으로 떨어졌다. 한때 한 해 100만 명을 넘었던 신생아 수가 24만 9,031명으로 떨어졌다. 신생아 수가 줄어드는 속도도 너무 급해 국가의 총력 대응이 필요하다.

어떻게든 결혼을 장려하고 출산도 유도해야 한다. 재정 지출로는 한계에 달했다. 건전재정을 지향하는 판에 더 풀 나랏돈도 없다. 결국 민간의 축적된 자금이 세대 간에 이전되도록 정책적 물꼬를 터야 한다. 재정에서 결혼과 출산에 대해 1인당 5,000만 원, 1억 원을 줄 수는 없다. 하지만 각 가정의 부모와 자식 간에는 가능하다. 정부는 육아 방식, 휴가, 보육과 교육 등 제도로 결혼을 회피하지 않게끔 환경을 조성하는 게 바람직하다.

이러한 전략은 소비 활성화에도 도움된다. 경제를 살리기 위해선 수출 확대와 내수 진작이 필요한데, 수출 증대는 어려움이 더 크다. 내수 진작 차원에서 소비를 확대하려면 청년층이 쓸 돈이 있어야 한다. 일본의 장기 경제 침체 요인을 참고할 필요가 있다. 자산이 많은 고령층이 돈을 쓰지 않고, 80~90대 부모가 50~60대 자식에게 '노노(老老) 상속'을 하면서 돈이 고여 있는 게 하나의 요인이다. 한국이 이런 모델을 따라가선 안 된다. 천문학적인 수준의 저출산 대응 정부 지출을 민간으로 돌리며 소비 활성화도 꾀하자는 것이다.

그동안 한국의 경제 규모도 커졌다. 물가도 많이 올랐다. 결혼정보업체(듀오)의 조사 결과를 보면 전국 신혼부부의 평균 결혼 비용은 주택을 포함해 3억 3,050만 원(2023년 기준)에 달한다. 이런 사정을 감안해서라도 10년째 5,000만 원인 비과세 한도를 올려야 한다. 결혼 자금에만 비과세 증여 한도를 높일 게 아니라 성인 자녀 전체로 오히려 대상을 확대해야 한다.

[반대]
비혼·출산 기피, 돈 문제 때문만은 아니다
'부의 대물림'으로 격차 키울 것

가뜩이나 양극화와 경제적 격차가 사회적 문제로 부각되고 있다. 지금도 부모나 조부모가 10년마다 세금 한 푼 내지 않고 자녀나 손자녀 1인당 5,000만 원씩 증여할 수 있다. 이런 공제 한도를 더 높이면 부의 대물림을 가속화하는 결과를 초래할 수 있다. 젊은 세대로 부의 이전을 촉진하는 것은 전체 사회의 발전과 경제의 성숙을 위해 필요한 측면이 있지만, 한정된 계층에서만 부의 이전이 이뤄진다는 게 문제다. 그 결과는 격차를 벌리는 것이 된다. 사회로 진출할 때 출발선이 달라지지 않도록 정부가 정책적 배려를 해야 한다.

급속한 고령화와 함께 진행되는 저출산이 사회적으로 큰 문제인 것은 사실이다. 하지만 합계출산율이 세계에서 불명예 1위를 차지할 정도로 신생아가 줄어든 것이 반드시 경제적 문제 때문이라고 단정하긴 어렵다. 비혼과 출산 기피가 돈이 없어서라고 입증된 바라도 있나.

결혼 기피는 가정 안에서 남녀 간 역할 분담과 양성 평등 갈등, 청춘 남녀의 자유로운 독립 생활 추구 탓이 더 클 수 있다. 출산을 안 하거나 아이를 적게 낳는 이유는 직장 내 경력 단절 등 사회생활에서의 불이익 때문이라는 분석도 적지 않다. 그런데도 단지 돈 문제, 즉 경제적 고충 때문에 결혼도 출산도 기피한다는 전제에서 문제를 풀려고 하면 국가적 난제는 풀지 못하면서 격차 심화라는 부작용만 키울 수 있다는 점을 경계해야 한다. 저출산의 인구 문제에 대한 대응 차원이라면 다른 제도적 보완책을 강구하고 이민 문호 확대를 적극 추진해야 한다. 정년 제도를 없애고 고령층도 얼마든지 일할 수 있도록 고용의 유연성을 확보하여 경제활동인구를 증가시킬 수도 있다.

설령 면제 한도를 올려도 한꺼번에 많이 올리는 것은 바람직하지 않다. 경제 규모가 커졌다지만 비과세 한도가 5,000만 원으로 확대됐던 2014년부터 2022년까지 GDP는 38퍼센트, 1인당 GDP는 37퍼센트 올랐을 뿐이다.

【 생각하기 】

3,600조 원 고령층 자금 돌게 해야
결혼·초산·둘째 출산에 공제 차등화 해볼 만한 시도

부모 세대 여윳돈을 결혼에 맞춰 자녀들에게 일부라도 넘어가게 해 저출산 대응 정부 지출을 줄이자는 취지다. 고령세대가 저축금을 쓰지 않는 일본 경제의 장기 침체를 보면 세대 간 자본 이전을 유도할 필요가 있다. 저출산 문제는 '심각'을 넘어 '위기' 단계로 가고 있다. 고령층이 가진 3,600조 원의 자산은 사실상 고여 있는 자금이다. 사후 상속이 아니라 생전 증여로 생산적으로 쓰인다면 국가적으로도 가정적으로도 좋은 일이다.

'격차 심화'를 유발할 것이라는 지적이 늘 정부엔 부담이다. 하지만 청년세대 지원책은 다각도로 모색해갈 수 있다. 출산 장려 지원을 민간으로 돌리고 그쪽 정부 예산을 달리 활용하는 것이다.

굳이 결혼 자금에 한하지 않고 출산 시에도 적용한 이유가 여기에 있다. 모든 성인 자녀 증여에 비과세 기준을 올리면서 결혼·출산 때는 추가로 한도를 올려주는 방식도 좋다. 나아가 둘째, 셋째 출산 때는 다시 5,000만~1억 원 정도 비과세 한도를 확대해주는 것도 해볼 만하다.

지역사랑상품권 예산, 중앙정부가 지원하는 게 옳은가?

건전재정의 시금석으로 평가받아온 '지역사랑상품권' 발행 지원 예산 증액안이 2023년 11월 9일, 야당인 더불어민주당 단독 처리로 행정안전위원회에서 의결됐다. 여당의 반대에도 강행한 것이다. 이 안건은 말이 증액이지 사실은 신설이다. 법에 정해진 대로, 지역사랑상품권 발행은 지방자치단체 고유 사무라는 정부의 정책적 판단에 따라 아예 관련 예산 자체가 편성되지 않았다. 그런데 거대 야당이 7,053억 원에 달하는 예산 항목 하나를 신설한 것이다. 국회의 이런 월권이 처음도 아니지만 명백히 법 위반, 그것도 위헌이라는 비판이 나왔다. 절차상 예산결산특별위원회와 본회의가 남았고, 정부 의지도 중요하지만 일단 상임위원회에서 의결되면 바로잡기는 쉽지 않다. 논쟁의 핵심은 지역사랑상품권 발행을 위한 예산을 중앙정부가 지자체에 나눠줘야 하느냐다.

【 찬성 】

이전 정부 때 연간 1조 원 넘기도
지역경제 살리기 손 놓을 수 없어

지역사랑상품권을 발행하게 된 연원과 취지, 효과 세 가지를 주목해볼 필요가 있다. 중앙정부의 지역사랑상품권 발행 지원 예산은 2018년에 지역의 근간 산업인 조선업이 심각한 불황에 빠진 네 곳을 긴급 지원할 때 편성됐다. 거제·군산·영암·경남 고성 등이다. 그때 네 곳은 실업률이 급등해 정부가 '고용 위기 지역'으로 지정했다. 정부가 지원해준 100억 원의 예산으로 사전에 할인된 지역사랑상품권이 발행되면서 지역 내 전통시장 등 소상공인 판매 확대에 도움이 됐다. 이용자는 9만 원만 내고 10만 원짜리 지역사랑상품권을 사서 그만큼 물건을 구입할 수 있다. 그러면 차액 1만 원이 발행 비용이 되는데 이를 예산에서 메꿔주는 식이었다. 상품권 사용을 특정 지역 내로 제한해 지역경제를 살리는 데 기여했다.

2019년에도 중앙정부가 같은 명분으로 884억 원을 지원했다. 이어 코로나19 충격이 닥치면서 코로나19 대응 차원에서 금액이 급증했다. 2020년 6,690억 원, 2021년 1조 2,522억 원, 2022년 8,050억 원씩 매년 큰 규모로 편성, 지원됐다. 지원액이 이 정도가 되면서 2021년에는 실제로 발행된 지역사랑상품권 규모(실제 판매 금액)가 23조 6,000억 원에 달했다. 본예산 외 연중에 별도로 더 지출하는 추가경정예산에도 반영됐다. 비수도권 등 지역경제 활성화에 도움이 됐다.

그런 지원은 이어갈 필요가 있다. 지방은 경제적 어려움이 심각하다. 행정안전부가 인구 감소 지역으로 공식화한 89개 시·군뿐이 아니다. 수도권을 제외한 각 지방 전체가 인구 위기 지역이라고 해도 과언이 아니다. 어떤 식으로라도 지방 지원을 확대해야 한다. 위기 지역에서도 돈이 돌게 해야 한다. 단순히 지역경제를 살리는 차원을 넘어 지역에 최소한의 인구를 유지하기 위해서도 필요하다. '인구 절벽', '인구 위기'라는 말이 반복되지만, 실상은 인구의 양극화가 더 문제다. 서울 수도권은 인구 집중에 따른 문제가 심각하고 지역은 젊은이 이탈로 위기가 가중되고 있다. 지역 지원 예산은 어떻게든 확대해야 한다.

【 반대 】
지방 자율 업무, 획일적 배분도 문제
지출 대비 효과 의심, 선거 앞둔 야당의 선심책

지방의 경제적 어려움은 이해되지만, 법이 있고 원칙이 있다. 각 지자체에 대한 지원은 이미 여러 갈래로 집행되고 있다. 2024년에도 교육 예산을 제외한 일반교부세로 약 60조 원이 지원된다. 세금 감면, 특화된 산업단지 건설 등 지원 종류도 많다. 지역사랑 상품권 발행 예산은 고용 위기 지역에 대한 한시적 특별 지원이 었다. 코로나19 대응 명분으로 문재인 정부 때 매년 거액이 편성 됐지만 지출 대비 성과도 불확실하다. 코로나19 극복 예산처럼 사용되면서 전국 지자체에 고루 지원되다 보니 사정이 더 어려운 지자체에 대한 선별·집중 지원도 어려웠다. 결과적으로 획일적 배분이 이뤄졌고 그에 따른 포퓰리즘 논란이 생겨 윤석열 정부 들어 중단키로 했다.

시행의 근거가 되는 지역사랑상품권법에도 이 상품권 발행은 지자체 업무로 명시돼 있다. 각 지자체 장이 각각 사정과 재정 상황에 맞춰 자율로 할 사안이다. 따라서 7~10퍼센트 정도인 할인 (발행) 비용을 중앙정부가 지원하는 것은 법 취지와도 어긋난다. 민주당은 지역사랑상품권 발행에 대해 "경기 진작 효과가 있다" 라고 주장하지만 말이 안 된다. 민주당이 밀어붙이는 대로 7,000 억 원씩이나 푼다면 효과 자체가 없을 수는 없다. 세금에서 7,000 억을 현금으로 써서 내는 효과가 얼마냐가 관건이다. 해마다 세금 징수를 통한 재정 수입보다 정부의 씀씀이가 커져 재정 적자 폭 이 커지고 있다. 전체적인 나라 살림 유지가 어려운 상황이다. 그 결과 누적되는 국가 채무도 계속 커진다. 7,000억 원을 더 필요한 곳에 효율적으로 써야 한다.

민주당이 무리수를 두며 이 예산 편성을 밀어붙인 주된 이유는 이게 '이재명표 인기몰이 예산'처럼 되었기 때문이다. 이 대표도 예산 관련 언론 회견 때 강조한 바 있다. 22대 국회의원 총선이 눈앞에 다가오면서 돈 풀기라는 선심책을 쓰려는 것이다. 국가 예산이 그렇게 쓰여선 안 된다. 더욱이 지자체 업무라는 정책적 판단이 어렵게 내려졌다. 지방 지원은 필요하지만 법규를 준수하고 정공법·정석대로 가야 한다.

【 생각하기 】
국회의 일방적 예산 편성은 '위헌'
해당 법도 '지자체 업무' 명시

우리 헌법은 "국회는 정부의 동의 없이 정부가 제출한 지출 예산 각 항의 금액을 증가하거나 새 비목을 설치할 수 없다(제57조)"라고 명확하게 규정하고 있다. 거대 야당이 의원 숫자, 힘으로 밀어붙인 예산 신설 의결은 위헌이다. 법에도 맞지 않다. 예산을 총괄하는 기획재정부와 이 예산의 소관 부처인 행정안전부가 중심을 잘 잡아야 한다.

2022년에도 윤석열 정부는 당초 '불가' 방침을 내세웠으나 여당이 어정쩡하게 야당과 타협하면서 결국 발행 비용 지원으로

3,525억 원이 편성됐다. 인구 감소 지역 89곳 기초지자체 등 지역 내 경제·인구의 어려움은 충분히 이해된다. 사실 그런 곳에 표시 나게 지원해주기 위해서라도 법적 근거가 없고, 효과도 석은 획일적 예산 배분은 지양해야 한다. 해마다 되풀이되는 재정 적자가 2023년 70조 원(9월 말 기준)을 넘었고, 국가 채무는 1,100조 원에 달했다는 재정 통계를 보면 무섭기만 하다.

고용 안정을 위해
AI 기술을 규제해야 할까?

가속도가 붙은 AI 시대에 맞춰 한국은행이 의미 있는 연구 보고서를 내 놓았다. 2023년 11월에 발표된 <AI와 노동 시장 변화>라는 보고서는 제목 그대로 최근 급성장해온 AI가 일자리에 어떤 변수가 되고 있으며, 앞으로 어떤 양상을 보일 것이냐를 다룬다. 직업별 AI 노출지수로 분석한 결과 보수적으로 봐도 국내 일자리 중 341만 개(12퍼센트)가 AI로 대체될 가능성이 크다는 게 핵심이다. 의사, 화공 기술자, 발전 장치 조작원, 금속 재료 기술자, 기관사, 회계사, 자산운용가가 대표적이다. 고학력·고소득 근로자일수록 쉽게 AI로 대체된다는 대목이 놀랍지만 한편으로는 수긍도 된다. 이런 종류의 예측이나 분석이 나오면 으레 뒤따르는 것이 신기술 규제론이다. AI 기술에 대한 감시·감독 강화 주장은 이미 나와 있다. 기존 일자리 소멸 우려가 동반된다. 고용 안정을 위한 AI 규제론은 논리적인가? 설득력은 있나?

[찬성]

특정 그룹의 단기 실업 급증은 사회적 부담 가중
윤리 문제 등 파장 살피며 속도 조절을

새로운 기술이 기존 일자리를 대체하는 것은 어제오늘 일이 아니다. 비슷한 개념으로 학계에는 '전위효과(displacement effect)'라는 이론도 있다. 대체되는 일자리에는 생업으로 종사해온 수많은 사람이 있다. 모든 직업은 '사회적 소속'이다. 직업인들은 학생 시기와 직업 준비기를 거치고 일자리를 택한 뒤에도 수련기를 거치며 공인된 지식과 경험을 쌓아왔다. 또한 한 개인의 삶과 가정을 책임지는 생활자다. 이들이 준비할 기간도 없이 기존 일자리에서 갑자기, 본인 의지와 관계없이 밀려난다면 그 충격은 어떠하겠나.

실업이 단기적으로 급증하면 사회적 손실도 만만찮다. 사회적 비용은 국가 혹은 재정의 부담 증가를 의미한다. 고용보험에 따른 실업급여 지출 증가가 그런 사례다. 가뜩이나 지출할 데가 많은 정부가 이런 비용까지 제대로 충당하기는 어렵다. 그러니 당사자들에게 준비할 시간을 주고, 경제와 산업 구조에도 큰 충격을 주지 않으면서 변화를 추구하는 게 바람직하다. 흔히 산업 구조가 변해야 한다고 말하지만 산업 구조는 단시일에 바꾸기도 어렵다. 사회 구성원들의 직업적 안정을 감안하면 단기 급변동이 바람직한 것도 아니다. 예측 불가능한 '불안한 혁명'보다 예측이 가능하고 통제도 가능한 '점진적 변화'가 좋다. 더구나 AI 기술의 급격한 발전에 따라 대체될 수 있는 직업군은 지식 기반의 전문직이다. 이들의 대량 실직에 따른 사회적 충격은 심각할 것이다. AI 혁명으로 새로운 일자리가 생긴다지만 이는 원론적인 얘기일 뿐이다. 당장에 새 일자리가 바로 생기는 것이 아닌 만큼 피해 계층은 나오기 마련이다. 진화하는 AI 기술의 산업 및 일상생활 적용은 윤리 문제와도 부딪치고 전통적 지적재산권 체계와도 충돌한다. 이런 것에 대한 사회적 합의와 법적 정비도 중요하다. 이런 문제도 살펴보면서 천천히 이행해야 한다.

【 반대 】

산업·정보 혁명은 새로운 일자리를 창출할 것
'AI 포비아'가 미래 발전 막는다

새로운 기술이 기존 일자리를 대체한다는 관점에서만 보면 AI 혁명은 다소 부담스러운 측면도 있다. 하지만 인류 역사를 돌아보면 신기술은 새로운 일자리를 창출하고 생산성을 혁신한다. 산업 혁명기를 보자. 제3의 물결이라는 정보 혁명은 어떤 결과를 낳았나. 농·어업 시대에는 농사와 어로 외엔 살아갈 방도가 없었지만 탈농업의 시대를 거치며 2차 산업 쪽에서 좋은 일자리가 수없이 생겨났다. 산업 혁명(제2의 물결)과 정보 혁명으로 서비스 산업이라는 3차 산업에 무수히 많은 일자리가 생겨났다. 한국도 3차 산업 종사자가 일자리의 절반을 넘어선 지 오래고, 이제는 고용의 70퍼센트를 넘었다. 한국의 3차 산업 GDP 비중은 62.5퍼센트(2021년)에 달하지만 영국(81퍼센트)·미국(78퍼센트) 등과 비교하면 아직 갈 길이 멀다.

산업 혁명 이후 포드 시스템, 컨베이어 시스템, 기계화·컴퓨터화 등을 거치며 일자리와 직업의 세계는 놀랍게 변화해왔다. 이제 AI 혁명으로 3차 산업이라는 서비스 산업은 또 한 번 획기적으로 비약할 것이다. 전통적인 관광·교육·여가·레저·금융 부문의 생산성을 높이면서 의료·법률·지식재산 분야 같은 고부가 가치 서비스업을 확충해나가는 게 중요하다.

대대적 규제 혁파로 서비스 산업에서 새 일자리가 많이 생기도록 하는 게 현실적이다. 산업 혁명 직후 러다이트 운동(기계 파괴 운동) 같은 막연한 'AI 포비아'는 금물이다. '원격의료 반대' 주장 때문에 12년째 그대로인 '서비스산업발전기본법'도 제정 속도를 내야 하고, 정부와 민간 합동의 서비스 산업 발전 태스크포스 팀도 실행안을 내놔야 한다. AI 기술을 잘 활용하면 신(新)서비스 산업에서 좋은 일자리 창출은 얼마든지 가능하다. 그런 일자리야말로 좋은 고용이다. 피할 수 없는 이 시대의 메가트렌드이기도 하다. 기득권을 좇는 그룹의 반발에 부딪쳐 AI 기술을 가로막는다면 그야말로 소탐대실이다. 우리 스스로 발목을 잡는 우를 범하게 된다.

【 생각하기 】

AI 혁명 눈여겨봐야
기득권 집단 '지대 추구'는 경계 대상

한은이 발표한 이런 종류의 연구물은 취업 준비를 하는 학생들과 각급 학교가 먼저 눈여겨볼 만하다. 인적 자원 확보와 제조·서비스 혁신에 몰두하는 기업에도 당연히 도움이 될 것이다. 이에 못지않게 관련 예산을 배분하며 일자리 정책을 주도하는 고용노동부·교육부·기획재정부 같은 정부 부처도 진지하게 주목할 필요가 있다. 특히 AI로 대체 가능성이 높은 직업군과 상대적으로 영향이 덜한 일자리로 나눠서 살펴야 한다. 말끝마다 혁신과 신기술 외치며 막상 큰 혁신 기술이 나오면 겁부터 내는 풍토는 곤란하다. 또 한 번 규제 혁파가 중요해졌다. 규제 일변도인 법률, 간섭 일변도인 행정을 청산하고 적극적으로 서비스 산업을 키우면 새 일자리는 얼마든지 나올 수 있다. 산업의 고도화는 큰 숙제이며, 기술 진전도 기업, 국가, 개인 모두에게 주어진 과제다. 기득권 집단의 '직역 이익 지키기', 곧 '지대 추구'는 언제나 어디서나 경계의 대상이다.

무주택 청년에 연 2퍼센트대 주택담보대출 제공, 문제점은 없나?

2023년 11월, 무주택 청년(34세 이하)이 주택을 분양받을 경우 연 2퍼센트대의 주택담보대출을 받을 수 있게 해주는 정책이 발표됐다. 주택담보대출은 은행이 빌려주는 돈 가운데 이자가 가장 낮은 편이다. 하지만 신용이 좋아도 통상 연 5~6퍼센트가량 된다(2023년 11월 기준). 이에 비하면 연 2퍼센트 이자로 대출을 받을 수 있는 건 큰 특혜다. 연간소득 기준으로 대상자 제한 규정이 있기 때문에 연간 10만 명가량의 청년들이 이 같은 혜택을 누릴 것으로 예상된다. 이들에 대해서는 청약저축의 금리도 더 높게 배정된다. 결혼과 출산에 맞춰 금리는 신축적으로 더 내려간다. 비혼·저출산 타개책의 하나로 정부와 여당이 꺼낸 청년 지원 정책이다. 저출산 재앙에 대처하고 청년층 자산 형성을 지원해준다는 취지는 나쁘지 않다. 하지만 '비혼족', 무직 등 다른 청년층과 격차를 부추긴다는 비판이 나온다. 이 정책에 문제점은 없을까?

【 찬성 】

주택 마련, 청년 자산 형성에 도움
첫째·둘째 출산 때 지원 늘려가야

미래를 책임지는 청년세대의 어려움이 유난히 큰 시대다. 무엇보다 좋은 일자리가 충분하지 않다. 결혼과 육아에 대한 부담도 상당히 크다. 자산 형성의 기회도 기성세대보다 월등히 불리한 세대이기도 하다.

이들 미래세대가 가장 많이 불안해하고 고통을 겪고 있는 게 주택 문제다. 청년들이 몰려 있는 대도시일수록 더하다. 서울은 심각한 지경이 됐다. 내 집 마련의 꿈이 이뤄지도록 정부가 지원을 확대해나가야 한다. 그렇게 중산층을 육성해야 사회도 안정되고 건강해진다.

결혼 유도와 출산 장려를 위해 정부는 최근 20년 동안 다각도로 여러 가지 정책을 모색하고 또 모색해왔다. 저출산 대책 비용으로 빠져나간 재정 자금만 가히 천문학적 규모다. 하지만 성과가 나지 않는다. 막대한 자금을 쏟아부었지만 체계적으로 지원하지 못한 탓이 크다.

가장 긴요한 것은 보금자리, 주택 지원이다. 임대주택을 더 많이 짓는 것도 방법이지만, 한국토지주택공사·서울주택도시공사(SH) 등에서 주택을 건설하는 데는 막대한 자금이 필요하다. '임대' 딱지가 붙은 이런 중저가형 주택은 인기도 별로 없다. 그렇다면 청년이 원하는 지역에 원하는 형태의 주택을 직접 선택하도록 하는 게 좋다. '마이 홈'의 꿈을 조기에 이루도록 필요 자금을 가급적 낮은 이자로 빌려주면 효과가 클 것이다. 집을 마련하면 결혼도 생각할 것이다. 결혼을 해야 출산도 할 것 아닌가. 순서에 맞게 지원도 따라가야 한다.

시중 금리와의 차이만큼은 재정에서 지원해줄 수밖에 없다. 세계 최악의 초저출산율에 따른 경제활동인구 감소, 생산력 둔화, 소비 위축 등 경제의 활력 저하 등은 수많은 전문가가 위기라고 경고한 그대로다. 국가적으로 동원 가능한 가용 재원을 총동원해야 한다.

나아가 출산 때마다 더 많은 지원을 해줄 필요가 있다. 결혼, 첫째 출산, 둘째 출산 시기에 맞춰 금융 및 세제 지원을 확대해야 최소한의 인구 유지라도 가능할 것이다.

【 반대 】

집 문제가 저출산 원인이라는 확증 없어
혜택 못 받는 청년과의 차별도 고려해야

저출산이 국가적 난제인 것은 사실이지만, 원인 진단과 전제가 틀렸다. 청년세대가 결혼하지 않으려 하고 출산을 회피하는 것이 돈 때문만은 아니다. 특히 주택난이 문제라면 집값이 결코 비싸다고 할 수 없는 지방 중소 도시에서는 왜 혼인 비율이 낮은가. 그런 지역에서도 출산율은 낮다. 청년세대의 인생관과 가족관이 변하면서 결혼과 출산에 대한 기본 인식이 달라진 것이다. 이런 상황에서 형태만 바꾼 채 정부의 재정 자금을 또 투입하겠다는 얘기다. 집행하기 전에 정책적 효과를 먼저 판단해볼 필요가 있다.

게다가 청년세대라고 두루뭉술하게 말하지만, 들여다보면 처지는 천차만별이다. 20~30대 사이에도 소득과 자산의 격차가 상당하다. 맞춤형 지원이 필요한 이유가 바로 여기에 있다. 저마다 사정이 다른데 현행 3,000만 원인 연간 소득 기준을 어떻게 올릴 것이며, 혜택을 받거나 받지 못하는 청년세대의 인위적 차별 문제는 어떻게 할 것인가. 결혼자와 출산자에 한해 지원한다면 개별 사정에 따라 비혼을 택한 청년은 과연 이를 흔쾌히 받아들일 것인가.

지난해 한국토지주택공사 등에서 짓는 공공주택 분양에서 청년세대에게 많은 물량을 배정하는 바람에 20년씩 장기간 무주택으로 버텨온 40~50대의 다자녀 가구와 충돌을 빚은 적이 있다. 주택담보대출에서의 청년 저금리 지원 정책이 그런 불균형을 심화시켜서는 안 된다. 재정 여력이 제한된 상황에서 청년들에 대한 지원이 과도해진다면 기성세대의 불만이 커질 수 있다.

이런 선심성 정책이 나온 시점에 대해서도 의구심이 생길 만하다. 제22대 국회의원 선거가 다섯 달도 남지 않은 상황이기 때문이다. 청년층 표심을 얻기 위한 인기 영합 정책으로 받아들여질 수 있다.

다른 한편으로는 가입 조건이 까다로워 실질적으로 청년에겐 도움이 되지 않는다는 지적도 있다. 이래저래 실속도 없이 요란한 빈 수레가 될 공산이 크다.

【 생각하기 】

주택 지원은 기성세대도 민감
행정이 '종합 예술' 되려면 타이밍 중요해

정책은 내용도 중요하지만, 시점(타이밍, 시기)도 중요하다. 정부가 종종 좋은 일을 하면서도 "실기했다"는 비판을 받는 것도 이런 이유에서다. 필요할 때 기민하게 움직이는 정부라면 효율성에서 최소한 '기본 이상'은 하는 셈이다. 반면 의미 있는 정책을 수립·발표하더라도 시기가 나쁘면 선입견을 갖고 보는 국민이 적지 않다. 선거 때가 그렇다. 이 시기에는 표 획득용이 아닌가 하는 억측이 나오곤 한다. '오얏나무 아래서 갓끈을 고쳐 매지 말라'는 속담도 있다. 평소에 일관성을 유지하면서 지속적인 변화와 개혁을 추구하는 게 행정에서 중요하다. 저출산 대책, 자립적 중산층 육성 차원에서 마련된 무주택 청년을 위한 주택담보대출 이자 지원 정책 자체를 비판하기는 쉽지 않다. 다만 이런 혜택을 못 받는 청년들과의 격차, 기성세대와의 불균형 문제도 간과해서는 안 된다. 모두가 만족하는 정책이란 존재하지 않을 것이다. 이래저래 행정은 어렵다. 그래서 '종합 예술'이다.

교양인을 위한 56가지 시사이슈 찬반토론

논리의 힘 지식의 격

제1판 1쇄 발행 | 2024년 2월 23일
제1판 2쇄 발행 | 2024년 4월 5일

지은이 | 허원순
펴낸이 | 김수언
펴낸곳 | 한국경제신문 한경BP
책임편집 | 최경민
저작권 | 백상아
홍 보 | 서은실·이여진·박도현
마케팅 | 김규형·정우연
디자인 | 권석중
본문디자인 | 디자인 현

주   소 | 서울특별시 중구 청파로 463
기획출판팀 | 02-3604-590, 584
영업마케팅팀 | 02-3604-595, 562   FAX | 02-3604-599
H | http://bp.hankyung.com   E | bp@hankyung.com
F | www.facebook.com/hankyungbp
등   록 | 제 2-315(1967. 5. 15)

ISBN 978-89-475-4942-4 03170